·历史文化大聚焦丛书·

纵览 文化博览 体育纵横

徐井才◎主编

北京出版集团公司
北京教育出版社

图书在版编目(CIP)数据

纵览文化博览 体育纵横/徐井才主编. —北京:北京教育出版社,2012.9
(历史文化大聚焦丛书)
ISBN 978 - 7 - 5522 - 1114 - 6

Ⅰ.①纵… Ⅱ.①徐… Ⅲ.①文化史 – 世界 – 青年读物②文化史 – 世界 – 少年读物③体育运动史 – 世界 – 青年读物④体育运动史 – 世界 – 少年读物 Ⅳ.①K103 – 49②G811.9 – 49

中国版本图书馆 CIP 数据核字(2012)第 236833 号

纵览文化博览 体育纵横

徐井才 主编

*

北京出版集团公司
北京教育出版社 出版
(北京北三环中路 6 号)

邮政编码:100120

网址:www.bph.com.cn

北京出版集团公司总发行

全国各地书店经销

永清县晔盛亚胶印有限公司印刷

*

710×1000 16 开本 10 印张 90000 字
2012 年 9 月第 1 版 2012 年 9 月第 1 次印刷

ISBN 978 – 7 – 5522 – 1114 – 6
定价:29.80 元

目 录

文化博览

节庆民俗

人种知识

文化知识

体育纵横

奥运知识

体育项目

文化博览

WENHUA BOLAN

节庆民俗

春节贴春联

▲ 春节时中国家庭都要贴上红纸春联

▲ 窗花剪纸

春联，就是写有关春节的吉语。它是一种独特的文学形式。它以工整、对偶、简洁、精巧的文字描绘时代背景，抒发美好愿望，是中华民族艺苑中一朵绚丽多彩的奇葩。

春联的起源，可追溯到2000多年前战国时期的"桃符"。那时每逢过年，人们总是用两块桃木板刻上神荼、郁垒两位神将的像，挂在门旁以驱鬼避邪。这是因为相传在东海度朔山上有一棵大桃树，树下有神荼、郁垒二神，能避百鬼。到了宋代，春节时贴春联已成了一种普遍习俗。王安石在《元日》诗中说："千门万户曈曈日，总把新桃换旧符。"

改用红纸书写春联的风俗，始于明朝。明太祖朱元璋不仅自己酷爱对联，而且也要别人喜欢。在明朝初年的一个除夕，他传旨文武百官和平民百姓，每户都要张贴春联一副。圣旨传出后，他又在京都微服察访，发现有户人家未贴春联，进门一问，才知道姓苗的这户人家因无人会写字，又请不到别人代写，正在为这事发愁。朱元璋听了，便笑着说："我给你们

写一副吧！"于是他根据户主阉猪这一职业，在主人铺开的红纸上挥笔写下"双手劈开生死路，一刀割断是非根"这副对联。此后，这一习俗被各朝仿效并流传下来——除夕，家家户户都要贴红纸春联。

另外，关于对联还有一个传说：相传中国古时候有一种叫"年"的怪兽，长头尖角，凶猛异常。"年"兽长年深居海底，每到除夕，就爬上岸来吞食牲畜伤害人命，后来终于被一个白发老人制伏了。原来"年"兽最怕红色、火光和炸响，白发老人驱逐"年"兽的法宝就是贴红对联和放鞭炮。从此，每年的除夕，家家都贴红对联，燃放爆竹，户户灯火通明，守更待岁。

拜年的习俗

拜年是中国民间的传统习俗，是人们辞旧迎新、相互表达美好祝愿的一种方式。古时"拜年"一词原有的含义是为长者拜贺新年，包括向长者叩头施礼、祝贺新年如意、问候生活安好等内容，遇有同辈亲友，也要施礼道贺。

拜年一般从家里开始。初一早晨，晚辈起床后，要先向长辈拜年，祝福长辈健康长寿、万事如意。长辈受拜以后，要将事先准备好的"压岁钱"分给晚辈。给家中长辈拜完年后，人们外出相遇时也要笑容满面地恭贺新年，互道"恭喜发财""四季如意""新年快乐"等吉祥的话语，左右邻居或亲朋好友亦相互登门拜年或相邀饮酒娱乐。

宋人孟元老在《东京梦华录》中描写北宋汴京时云："元月一日年节，开封府放关扑三日，士庶自早相互庆贺。"明中叶陆容在《菽园杂记》中说："京师元旦日，上自朝官，下至庶人，往来交错道路者连日，谓之'拜年'。"清人顾铁卿在《清嘉录》中描写："男女以次拜家长毕，主者率卑幼，出谒邻族戚友，或止遣子弟代贺，谓之'拜年'。至有终岁不相接者，此时亦互相往拜于门……"

在古代，上层士大夫有用名帖互相投贺的习俗。当时士大夫对有些关系不大密切的朋友就不亲自前往，而是派仆人拿一种用梅花笺纸裁成的，写有受贺人姓名、住址和恭贺话语的卡片前往代为拜年。

明代人们以投名谒代替拜年。这里所言的"名谒"即今天贺年卡的起源。贺年卡可用于联络感情和互致问候，既方便又实用，至今仍盛行不衰。

大约从清朝时起，拜年又添"团拜"的形式，清人艺兰主在《侧帽余谭》中说："京师于岁首，例行团拜，以联年谊，以敦乡情。"

吃年糕的风俗

年糕是中国民间的一种传统食品，每到春节期间，好多地区都有吃年糕的习俗。年糕是用糯米掺豆沙、红枣、青丝等制成的。它除了可以蒸、炸之外，还能炒或煮着吃。

年糕的种类也比较多：中国的北方城镇有白糕、黄米糕，江南有水磨年糕，西北地区有糯粑粑等。中国人过年时吃年糕的习俗已有2000多年的历史了，而说起它的起源，还与一段感人的传说有关呢！

在春秋时期，苏州是吴国的都城。吴国国王夫差为了抵抗敌国——越国的入侵，就对他手下的大将伍子胥说："赶快

⬤ 打糕粑招待远方的客人

召集百姓，筑一道坚固的城墙把苏州城围起来。这样，越国就很难攻下苏州了。"

伍子胥非常有才干，在他的领导下，一座坚固的城墙很快就修好了。吴王见了大喜，说："从今天起，我就可以放心享乐了！"从此，吴王整日在宫中寻欢作乐、喝酒游玩，把治理国家的大事全抛在了脑后。

伍子胥见吴王如此昏庸，非常担

⬤ 年糕

心。他几次来见吴王，劝说道："一个君主应该以国事为重，倘若沉迷于酒宴，国政必然荒废。一旦敌国入侵，国家就很危险了。"吴王不仅听不进伍子胥的忠言，反而勃然大怒，说伍子胥制造国家会灭亡的危言，命令伍子胥自杀谢罪。

伍子胥悲愤交加，临死时对身边的人说："吴王昏聩，吴国必将灭亡。当苏州城被围后，若遇饥荒，可在城门下掘土三尺，自会找到食物。"

伍子胥死后不久，越国果然大举进攻吴国。吴军大乱，连连溃退，最终苏州城被层层包围起来。被围困数月之后，苏州城中的军民因缺吃少食，大量军民被饿死。这时，忽然有人记起了伍子胥的遗言，于是拆墙挖地，发现做墙基的砖不少是用糯米浆制成的。人们用它煮食充饥，度过了艰难的岁月。

为了纪念伍子胥，从此每逢过年，人们就用糯米制成砖形的糕，并叫它年糕。

耍狮子

耍狮子是中国一种流传广泛，并深受老百姓欢迎的娱乐节目。在古代，每逢过年、过节，街头巷尾就会出现耍狮子的热闹场景。

那么，耍狮子的习俗是怎么形成的呢？

相传，在公元76年（汉朝时期），西域（即现在的新疆和新疆以西

🔺 耍狮子

的地区）有个小国家，名叫大月氏国。当时汉朝很强大，大月氏国较弱小，因而大月氏国必须向汉朝皇帝进贡。对此大月氏国的国王很不服气。有一天，他派人向汉朝进贡了一头"金毛雄狮子"。大月氏国的国王还扬言："你们汉朝要是有人能驯服这头猛兽，我们就继续向你们进贡；假如你们没人能驯服它，我们就将不再向你们进贡，并和你们断交。"

汉朝皇帝闻听此言，很着急，赶紧选了三个最勇敢的人驯狮。哪知金毛狮野性极大，三个驯狮者使出浑身解数，也未能制伏它。

有一天，在驯狮的过程中，被激怒的金毛狮野性大发，横冲直撞，向人猛扑过去，眼看一场狮吃人的悲剧就要发生了。这时，一个在旁的宫人在情急之中，抄起一根大木棒，向狮子猛打过来。在他人的协助下，宫人打死了狮子。

狮子死了，该怎么向皇上交代呢？为了逃避惩罚，宫人便剥下狮子皮，让他的两个兄弟装扮成狮子，由他自己引逗着跳舞。

宫人与他的兄弟们表演得很逼真，不仅汉朝皇帝以为金毛狮真的被人驯服了，就连大月氏国的国王也信以为真了。

此事传出了汉宫，老百姓拍手称快，他们认为耍狮子为国争了光，于是争相仿效，以示欢庆与喜悦。

从此，耍狮子便流传开来，并传至今日。

赛龙舟和吃粽子

△ 粽子

我国湖南一带流传着这样一首儿歌："五月五，是端阳，门插艾，香满堂。吃粽子，洒白糖，龙舟下水喜洋洋。"端午这天，家家户户门上插艾草，吃粽子，到江边湖畔参加或参观龙舟竞赛。

相传，这些民俗活动是为了纪念伟大的爱国诗人屈原。屈原是战国时期楚国的三闾大夫、诗人，由于奸臣诽谤，昏庸的楚王不但不采纳他联齐抗秦的主张，反而放逐了他。公元前278年，秦军攻破楚国的国都。屈原听到这一消息，非常悲痛，于五月五日怀石投入汨罗江，以身殉国。人们从四面八方划着船赶来抢救，并把粽子投入江中给鱼虾吃，免得伤害屈原的尸体。这就是端午节划龙舟和吃粽子来历的传说。

其实，早在屈原之前，民间就有类似的风俗了。因为爱国诗人屈原品德高尚，

△ 赛龙舟

诗篇感人，人们敬重他，便把这些活动和救屈原联系起来。从此，这个传说很快传遍中华各地。到了宋代，朝廷正式把五月五日定为端午节。

中秋节——团圆的节日

中秋月饼

中秋节，是我国各族人民的传统佳节。古人把一年分为四季，一季中又分成孟、仲、季三个月。八月份是秋季中的仲季，而十五又是这个月中间的一天，所以农历八月十五就叫中秋了。

秋天是一年中的黄金季节，瓜果满市，粮棉丰收。"月到中秋分外明"，据说中秋之夜的月亮，是一年中最皎洁明亮的。我国民间把中秋圆圆大大的月亮作为团圆的象征，所以每到中秋之夜，按照传统习俗，家家在庭院摆上桌子，买来月饼、瓜果，合家团聚，边赏月边吃瓜果、月饼，祈祝花好月圆、人寿年丰，所以中秋节又叫"团

中秋拜月

圆节"。

中秋节成为人们喜爱的传统佳节，还因为一个广为流传的美丽神话传说。传说在远古时期，中国大地上出现了10个太阳，酷热使人死亡，森林焚烧，川泽干涸，人间一片灾难。那时的君王尧帝请求上天赐恩，玉帝派大神后羿和他的妻子嫦娥到人间处理。原来这10个太阳都是玉帝的儿子，本来奉命每天出来一

中秋月亮又圆又美

个太阳，因为他们骄傲不听话，10个太阳一起出现。后羿到人间后，看到人间的灾难，忍无可忍，用弓箭向太阳射去，把9个太阳射死了，只留下一个太阳。老百姓见后羿为民间铲除大害，称他为英雄。可玉帝不高兴了，他见后羿射死了自己的9个儿子，大发雷霆，不许后羿、嫦娥夫妇再回天上。后来，嫦娥偷吃了丈夫的仙丹，便身不由己地飘上了寒冷的月宫。嫦娥奔月，触犯了玉帝的旨意，玉帝一怒，将她变成兔子，每天为天神捣药来弥补罪过。月亮上的广寒宫里，除了住着嫦娥外，还有一位因为修仙犯了错误、被罚到月亮里砍伐树木的吴刚。吴刚登上月宫，被罚去砍伐月中的桂树。这桂树很奇怪，随砍随长，永远也砍不断，吴刚只好一直不停地砍树，到现在还没有停下。

中秋之夜，在清朗的明月下，你一面吃着月饼，一面赏月，不妨仔细看看，月亮里是否有嫦娥变成的兔子在捣药和吴刚在伐树。

圣诞节

每年的 12 月 25 日，是西方重要的节日——圣诞节。那么，圣诞节是如何起源的呢？

传说，圣诞节的起源与耶稣诞生有关。耶稣是基督教的创始人，耶稣诞生在 2000 多年前的 12 月 25 日的凌晨。

公元 354 年，罗马天主教会规定 12 月 25 日为纪念太阳神诞生的日子。太阳神是古罗马人最崇拜的神灵，为了感谢太阳对人类的赐福，人们在 12 月 25 日这天要举行各种庆祝活动，向太阳表达尊敬和谢意。

人们将纪念耶稣的诞生和感谢太阳神的恩赐结合起来，就把 12 月 25 日定为圣诞节了。

圣诞节从公元 354 年开始出现，并逐渐扩大到世界上的许多国家。后来，有些国家一度禁止人们信奉耶稣、过圣诞节。

如今，禁令已解除，在许多国家，圣

▲ 圣诞树

诞节则成了一个全民欢庆的大节日。

圣诞节从 12 月 24 日夜间开始，"报佳音"是此夜最有趣的活动。

"报佳音"习俗的来历也与耶稣诞生有关。据传，在耶稣降生时，有一个天使向牧羊人报告了耶稣将降生的喜讯。

"报佳音"的活动是这样的：当深夜来临时，教会的唱诗班就挨家挨户走到信奉耶稣的人家门前，高声唱圣诞颂歌。这时主人会打开门，欢迎众人进屋享用茶点。随后，主人会加入唱歌的队伍，跟着他们一起去别的人家唱颂歌。这样，"报佳音"的队伍会愈来愈大，而活动也往往持续到天明。

圣诞树是圣诞节不可缺少的装饰品。在圣诞来临前，人们会选择绿色的、外形呈塔状的小松树、小柏树，在上面挂满各种礼品和好看的彩灯，来增加节日气氛，这就是圣诞树。

在圣诞节，还有一个重要的人物会出现，他就是圣诞老人。

复活节

这个节日总是与鸡蛋联系在一起。在美国，复活节的第二天，总统邀请客人们带着孩子到白宫参加"滚彩蛋"游戏。孩子们在欢快的乐曲声中，拿着绘着彩色、象征兴旺发达和生活幸福的熟鸡蛋，在草坪上滚着玩。全国各地的公园也为孩子们举办"复活节"彩蛋游戏。最早的时候是将鸡蛋绘成彩蛋。

▲ 复活节彩蛋

许多地方对复活节的称呼都深受这一习俗的影响，例如把复活节叫作"佩斯鸡蛋节"。现在的彩蛋都是用巧克力做成的，这些蛋形巧克力就是给孩子们的礼物。基督教把鸡蛋看作"新生"的象征。此外，复活节小兔也是新生命的象征。

感恩节

▲ 感恩节家宴

每年11月的第四个星期四，是美国的感恩节。感恩节是美国人民的盛大节日，晚餐异常丰富，其中必备的菜便是火鸡肉和南瓜饼，因而感恩节又名火鸡节。

那么，感恩节是怎么来的呢？

感恩节起源于1621年。1620年9月，102名英国清教徒为了摆脱宗教和政治上的迫害，乘木船漂洋过海，历尽艰险，经过65天的航行，在11月21日抵达美国马萨诸塞州的普利茅斯。移民们初到普利茅斯，就遇上了严寒的冬天。他们缺乏装备、缺乏经验，加上又有传染病流行，夺走了半数以上的人的生命。这年冬末，只有50名移民侥幸地活了下来。

第二年春天，附近村庄的印第安人给移民们送来了很多生活必需品作为礼物，并教移民们捕鱼、狩猎和种南瓜、玉米、笋瓜、蚕豆以及饲养火鸡等。这一年，移民们收获了累累硕果，闯过了生活的难关。

移民们为了感谢"上帝"和加强同印第安人的友谊，特地在 11 月底的一天，大开筵席，邀请印第安人一起参加。印第安人欣然应允，并提前送来了鹿和火鸡。这一天除了相互欢宴之外，还举行多种活动，有摔跤、赛跑、射箭、唱歌和跳舞等。到了夜晚，人们燃起篝火，歌舞狂欢，搞得喜气洋洋，十分成功。此后，这个欢乐的节日在普利茅斯流传下来并逐渐推广到美国各地和北美一些国家，人们都把它称为"感恩节"。

▲ 火鸡

1863 年，感恩节被正式定为全国性节日。1795 年，华盛顿曾发布命令要全国庆祝感恩节，但当时感恩节的日子不固定。直至 1941 年，美国国会才将感恩节定在每年 11 月的第四个星期四。

慕尼黑啤酒节

慕尼黑是德国南部拜恩州的首府、德国的第三大城市。这个城市有个举世闻名的传统节日——十月节，从九月的最后一个星期起直到十月的第一个星期日才结束。

啤酒节是我国对慕尼黑十月节的称呼，因为在这个节日中唱"主角"的的确是啤酒。节日第一天的中午十二点，慕尼黑市长在礼炮声和音乐声中，用木槌敲击龙头啤酒桶，然后打开龙头，让啤酒流进啤酒杯，饮下第一杯啤酒，节日才算正式开始。节日期间的主食就是啤酒。这里的啤酒质量好、酒精含量低，供应啤酒的店家也特别多。游客在服务员

🔺 啤酒

🔺 慕尼黑啤酒节开幕式

的盛情招待下开怀畅饮，仅1984年的啤酒节，就喝掉了500万升啤酒。当然，节日期间，还有多种游乐场所向游客开放，民间乐队和外国的艺术团体纷纷为游客表演丰富多彩的节目，另外，还举办许多有意义的展览会。

慕尼黑十月节开始于1810年，当时是王子与公主的结婚庆典。由于这个庆典搞得很热闹，以后每年十月都搞一次庆祝活动，规模也越来越大，参加的人也越来越多，许多外国人还远道赶来，游客人数多达几百万。

狂欢节

狂欢节起源于中世纪的欧洲。按照天主教风俗，在迎接"耶稣复活"这个严肃节日的前40天，教徒们要清心寡欲、戒除一切纷争，这段时间称为四旬斋节。在四旬斋节的前3天，天主教徒们总要狂欢一番，这便是最初的狂欢节。今天的狂欢节，已经成

狂欢节人们载歌载舞的场面

为欧洲、美洲地区的传统节日。节日内容也变成了人们抒发情感、表达对自由和幸福向往的大游行和狂欢活动。狂欢节的时间各国不统一。

美国新奥尔良的狂欢节是最疯狂、也是最早举办的狂欢节。每年1月6日开始，就有盛大的花车游行，游行者们以各种历史、神话和传奇故事为主题，身着戏装穿过街道。

德国的狂欢节持续时间比较长，从每年的11月11日11点起，直到次年四旬斋节前。节日的高潮是最后一个星期，"女人节"和"疯狂的星期一"是必不可少的内容。"女人节"那天，妇女们会闯入市长办公室，表示接管市政权力。化装大游行和狂欢舞会是"疯狂的星期一"的主要活动。游行时，"王子"和"公主"们一面向观众致意，一面抛

撒糖果、食品和小玩具。有的城市每次所撒的糖果往往有几十吨。

意大利水城威尼斯的狂欢节为期7天。凡是参加狂欢节活动的人，都要按威尼斯的习俗把自己装扮起来，不分男女老幼，身着奇装异服，甚至包括17世纪的服装，脸上戴着面具或涂满油彩，模仿各种人的样子，或者扮成动物，踩着高跷。人们互相抛撒纸屑，素不相识的人也互送礼物，粘贴祝福的小纸条。

巴西素有"狂欢节之乡"的美称。每年2月举行的狂欢节不仅是巴西最隆重的节日，而且还

▲ 热闹的狂欢节

吸引了世界各地的游客前来参观。节日期间，最引人注目的就是数万名身穿华丽服装的各桑巴舞学校学员的游行表演，其场面之宏大、气氛之热烈堪称世界之最。因此，巴西的狂欢节现在已成为世界性的旅游节日。

三八国际妇女节

每年的3月8日是妇女节，又称国际妇女节，这是世界各国妇女争取和平、平等、发展的节日。在这一天，世界各大洲的妇女，不分国籍、种族、语言、文化、经济和政治的差异，共同关注妇女的人权。

一个世纪以来，各国妇女为争取自身的权利作出了不懈的努力和斗争。1857年3月8日，美国纽约的服装和纺织女工举行抗议，反对非人道的工作环境。1909年3月8日，美国芝加哥的女工为争取自由平等，举行了声势浩大的罢工和示威游行，要求增加工资、实行8小时工作制、获得选举权。

这一行动得到了世界各国劳动妇女的热烈响应，斗争最后取得了胜利。1910年8月，在丹麦召开的第二次国际社会主义妇女代表会议上，领导会议的德国社会主义革命家蔡特金向大会建议，把每年的3月8日作为世界妇女的斗争日，得到了大会代表们的一致拥护。1924年，中国共产党在广州召开了第一次三八妇女节纪念大会。1949年12月，中华人民共和国中央人民政府作出决定，将3月8日定为我国的妇女节。在这天，全国妇女放假半天，举行各种形式的纪念、庆祝活动。

五一国际劳动节

1886年5月1日，美国芝加哥20万工人为争取实行8小时工作制而举行大罢工，他们的正义行为得到了全世界工人的支持，罢工最终取得了胜利。为纪念这次工人运动，1889年，在法国

欢 度 五 一

召开的第二国际成立大会上，与会代表一致同意：把5月1日定为国际劳动节。这一决议得到世界各国工人的积极响应。从此，各国工人阶级有了自己的节日。

中国工人阶级纪念五一的活动始于1920年5月1日。当时北京、上海、广州等城市的工人群众走上街头，举行了声势浩大的游行、集会。中华人民共和国成立后，5月1日被定为法定的劳动节。此后，每年的五一节不仅要举行纪念活动，而且还要表彰作出突出贡献的劳动模范。

母亲节

母亲节是人们表达对母亲的爱戴和尊敬的节日，起源于西方国家。在不同国家，节日的具体时间和活动内容有所不同。例如在美国，每年5月的第二个星期天是母亲节。这天，母亲还健在的人要佩戴红色石竹，母亲已经去世的人要佩戴白色石竹，以表达对母亲的敬爱。节日里还要向母亲赠送节日卡和其他礼物。据说美国母亲节的首倡发起人是费城的一位女教师扎维斯。1908 年 5 月 10 日，她成功地在她任教的当地教堂举行了纪念她已故母亲的活动。1914 年，美国总统正式宣布每年 5 月的第二个星期日为全国的母亲节。瑞典的母亲节定于每年 5 月的最后一个星期天。在这天，人们要把早餐送至母亲床前，为母亲唱歌吟诗，请求母亲原谅自己，向母亲保证要做一个正直的人，并向母亲赠送一份礼物。瑞典的母亲节始于 1919 年，但在 20 世纪 30 年代才开始成为全国性节日。在英格兰，母亲节的日子是纪念圣母玛丽亚的那一天（复活节前四旬斋的第四个星期天）。在这天，人们除了去教堂纪念圣母玛丽亚外，还将礼品和鲜花赠送给自己的母亲，感谢母亲的养育之恩，表达对母亲的敬爱。

父亲节

1910 年，美国纽约的杜德夫人向教会提出，将每年 6 月的第三个星期日定为父亲节。杜德夫人幼年丧母，是由父亲抚养成人的，为了感谢她的父亲，她向教会提出了设立父亲节这个建议。因为 6 月的阳光最炽热，象征父亲对子女的关爱，同时也要让所有的人都不要忘记父亲的养育之恩。

国际护士节

英国女护士弗洛伦斯·南丁格尔是近代护理学和护理教育的奠基人。1854年至1856年间，她在克里米亚战争中担任战地救护工作，对改变伤兵们的治疗和生活条件作出了杰出贡献，博得各国公众的好评。

后来人们为了纪念她造福人类的丰功伟绩，国际护士会将南丁格尔的生日——5月12日定为国际护士节。

△ 南丁格尔

国际儿童节

1949年11月，国际民主妇女联合会在莫斯科召开会议。为了保障全世界儿童的权利、反对帝国主义战争贩子虐杀和毒害儿童，会议决定把每年的6月1日定为国际儿童节。在这之前，世界各地有大量收养儿童的育婴堂，当时，这算是为儿童兴办的慈善机构。其实，这里是第一次世界大战后美国等一些帝国主义国家的传教士和人口贩子以此为幌子大肆残杀儿童的地方，所以，为了真正保护儿童，才出现了国际儿童节。

我国的儿童节也定在6月1日，是中央人民政府政务院于1949年12月通过的决议。

植树节

植树节是国家以法律形式规定的宣传森林效益，并动员群众参加义务造林活动的节日，通过这项活动，提高人们对森林的认识，达到爱林护林和扩大森林资源、改善生态环境的目的。孙中山先生是我国近代史上最早意识到森林的重要意义和倡导植树造林的人。1893年，孙中山先生亲自起草了著名的政治文献《上李鸿章书》，提出了植树造林的思想。辛亥革命以后，孙中山先生提出了在我国北部和中部大规模进行植树造林的计划。此后，他在许多著作和讲演中，反复强调毁林的危害性和植树造林的重要性。1915年，在孙中山先生的倡议下，当时的北洋政府正式公布了以每年清明节为植树节的规定。后因清明节对我国南方来说，植树季节太迟，同时也为纪念孙中山先生，国民政府又决定将孙中山先生的逝世日——3月12日定为植树节。

1979 年，第五届全国人民代表大会决定把每年的 3 月 12 日定为我国的植树节，以纪念一贯倡导植树造林的孙中山先生。设立植树节，不仅是让我们在每年的春季多植几棵树，更重要的是，让我们树立起保护地球环境的绿色文明之风。

清明节

清明节又叫踏青节，是我国的传统节日，也是最重要的祭祀节日，是祭祖和扫墓的日子。清明也是我国的二十四节气之一。我国传统的清明节大约始于周代，已有 2500 多年的历史。清明节时，

▲ 清明节是祭拜的日子

人们除墓祭逝去的亲人外，还多借此踏青郊游。民间还有插戴柳枝、放风筝、画蛋、斗鸡、荡秋千等活动。扫墓活动在节前后可延续 10 天左右。按照旧的习俗，扫墓时，人们要携带酒食果品、纸钱等物品到墓地，将食物供祭在亲人墓前，再将纸钱焚化，为坟墓培上新土，折几枝嫩绿的新枝插在坟上，然后叩头行礼祭拜，最后吃掉酒食回家。另外，清明节还有植树的习俗。

教师节

中华民族自古就有尊师重教的传统。教师担负着向人们传授科学文化知识、进行思想品德教育的重任，因此被誉为"人类灵魂的工程师"。

1984年，中国科学院院士、原北京师范大学校长王梓（zǐ）坤教授提出了有关"在全国范围内开展尊师重教

老师辅导学生

月的活动，该月的一日即为教师节"的建议。1985年1月，第六届全国人大常委会第九次会议通过了设立教师节的议案，决定将每年的9月10日定为我国的教师节。

国庆节

每年的10月1日，是中国的国庆节。1949年的这一天，中央人民政府主席毛泽东在天安门城楼上庄严地宣告："中华人民共和国中央人民政府成立了！"在《义勇军进行曲》的乐声中，毛主席亲自按下电钮，升起第一面五星红旗。与此同时，礼炮齐鸣，聚集在天安门广场的数十万军民举行了盛大的阅兵式和庆

▲ 庆祝国庆

祝游行活动。10月2日，中央人民政府通过决议，规定每年的10月1日为国庆日。从此，10月1日就成为全国各族人民隆重欢庆的节日了。

三月三

　　在我国少数民族壮族的语言中，"歌圩（xū）"的意思是唱歌的集会（圩，意为集市）。每年农历的三月初三，壮族的青年男女都要穿上节日的盛装，聚集到一起对唱山歌，这就是"三月三"的歌圩，也叫"歌婆节"。有关歌圩的日期各地有

所不同，通常以农历的"三月初三"最为隆重。在此期间，人们要吃用三月花、黄花草和枫树叶煮染成的五颜六色的糯米饭和彩蛋。姑娘们还要赶制绣球。在歌圩上，人们唱的歌种类繁多，有对歌、请歌、求歌、推歌、离别歌等。在对歌时，有些青年男女还会互相抛绣球，接不住的一方要被罚唱歌和表演节目。绣球也是男女青年之间表达爱情的信物。现在，广西壮族自治区政府已将每年农历的三月初三定为壮族歌节。

重阳节

农历九月初九是重阳节，这是我国历史悠久的传统节日。古代人们把九称为阳数，所以九月九又叫"重阳"。从魏晋时起，过重阳节就有登高远眺、观赏秋色的习俗。在重阳节的这一天，人们还要喝菊花酒，吃重阳糕；每个人的头上要插茱萸（zhū yú）（一种绿色的小乔木），以驱邪避灾。重阳节登高的风俗一直延续至今。我国还把重阳节定为敬老节。

🔺 重阳节又叫敬老节

万圣之夜

10月31日是西洋万圣节的前夕，美国的街上四处可见精彩的现场表演：戏台上演的幻觉魔术、逼真的游尸和鬼魂，以及各种恐怖电影的放映。

这场嘉年华盛会的由来是在公元前500年时，居住在爱尔兰、苏格兰等地的人们相信，往生人的亡魂会在10月31日这一天回到生前所居住的地方，并在活人的身上找寻生灵，以获得再生的机会。当地居民因为担心鬼魂来夺取自己的生命，故当10月31日到来时，会将所有灯光熄掉，使得鬼魂无法找寻到活人，并打扮成妖魔鬼怪以将鬼魂吓走。

随着时间的流逝，万圣节的意义逐渐变得含有喜庆的意味了。因此，现在象征万圣节的妖怪及图画，都变成了可爱又古灵精怪的模样，如番瓜妖怪、巫婆等。喜爱发挥创意的美国人，在这一天则极尽所能的将自己打扮得鬼模鬼样，让鬼节变得有趣多了。

万圣节是儿童们纵情玩乐的好时候。它在孩子们眼中，是一个充满神秘色彩的节日。夜幕降临，孩子们便迫不及待地穿上五颜六色的化妆服，戴上千奇百怪的面具，提上一盏"杰克灯"跑出去玩。"杰克灯"的样子十分可爱，做法是将南瓜掏空，外面刻上笑眯眯的眼睛和大嘴巴，然后在瓜中插上一支蜡烛，把它点燃，人们在很远的地方便能看到这张憨态可掬的笑脸。

收拾停当后，一群群装扮成妖魔鬼怪的孩子手

▲ 万圣节面具

提"杰克灯",跑到邻居家门前,威吓般地喊着:"要恶作剧还是给款待""给钱还是给吃的"。如果大人不用糖果、零钱款待他们,那些调皮的孩子就说:"好,你不款待,我就捉弄你。"他们有时给人家的门把手涂上肥皂,有时给别人的猫涂上颜色。这些小恶作剧常令大人啼笑皆非。当然,大多数人家都非常乐于款待这些天真烂漫的小客人,所以万圣节前夜的孩子们总是肚子塞得饱饱的,口袋装得满满的。

如今在整个欧洲,人们都把万圣节前夜看作尽情玩闹、讲鬼故事和互相吓唬的好机会。人们把这节日变成了一场真正的"狂欢"。

人种知识

蒙古人种

　　蒙古人种又称亚美人种、黄色人种，起源地在中亚和东亚的干旱多雪地区和风沙较多的地带，并由此逐渐向南亚、东南亚扩散。西伯利亚的楚克奇人和通古斯人、北极地区的爱斯基摩人、美洲的印第安人也都起源于中亚和东亚，并同属于这一人种。蒙古人种的肤色在世界所有人种中居中，呈黄色或白色，头发直而硬，发色黑，体毛和胡须稀疏，鼻宽度中等，鼻梁较低，唇厚适中，眼睛为黑色或黑褐色，眼眶和颧骨较高，面骨扁平，眼睑多有内眦褶。蒙古人种的婴儿臀部大多有灰蓝色色素斑块，随着年龄的增长而消失，这是蒙古人种独有的特征之一。美洲印第安人面部不像亚洲的蒙古人种那样扁，鼻子的宽度也稍大些。上门齿舌面的铲型结构也是蒙古人种的显著特征之一。

　　在世界三大人种中，蒙古人种人口最多，分布最广，主要分布在中国、朝鲜半岛、日本、东南亚、中南半岛、西伯利亚、北极地区和美洲等地。在蒙古人种分布区域内阿伊努人比较特殊，他们原居住在日本大部分地区，现退居北海道一带，他们体毛很多，胡须浓密，头型较长。对他们的起源众说纷纭，相当复杂，一般认为这是蒙古人种和尼格罗——澳大利亚人种的混合类型。

▲ 骑马的藏族小伙子

欧罗巴人种

▲ 欧洲欧罗巴人

欧罗巴人种，也称欧亚人种、高加索人种、白色人种，主要分布在从印度到大西洋沿岸的广大地区，包括欧洲及相邻的北非、西亚、中亚及印度等地。

欧罗巴人种的主要体质特征是：有柔软的直发或波形发，发色为金黄色或黑褐色；有浓密的体毛和胡须；褐色、灰色或蓝色的眼睛；鼻梁高耸，嘴唇较薄；头颅稍长，颧骨不高。欧罗巴人种的肤色差别比较大，欧洲人种的肤色偏浅，即一般所说的白色皮肤，北非埃塞俄比亚人种、中东阿拉伯人种和南亚印度人种的肤色则相当深，为黑褐色或黑色。

▲ 非洲欧罗巴人

欧罗巴人种大体上分为北欧类型、阿尔卑斯类型、大西洋—波罗的海类型、地中海类型等几种。北欧类型主要分布在挪威、瑞典、芬兰、俄罗斯、波兰、德意志等地，他们身材高大，头发金黄，眼睛灰蓝，鼻子长直。阿尔卑斯类型一般身材中等，头发深褐，鼻子微弯，包括住在阿尔卑斯山地周围的法国中部、意大利、奥地利等国的居民。英格兰、爱尔兰、法国北部等地的民族属大西洋—波罗的海类型，他们身材适中，头发金黄色或红褐色。地中海类型地域范围较广，从葡萄牙、西班牙到北非的埃及、阿尔及利亚，西亚的阿拉伯国家及伊朗、阿富汗、印度等地居民都属此类型。他们与其他欧罗巴人的主要区别是头发呈黑色，除欧洲地中海居民外，亚洲、非洲的欧罗巴人种的肤色都比较深，呈深褐色或黑色，眼睛也多是黑色。

▨ 尼格罗人种

尼格罗人种也称黑色人种、赤道人种。该人种的肤色多为黑色或黑褐色；

头发卷曲；发色深黑；眼睛黑褐；嘴唇厚而凸出；鼻子宽扁。尼格罗人种形成于热带非洲大陆。

尼格罗人种特指居住在撒哈拉大沙漠以南的黑人居民，按体质特征和语族关系又分为几大类型：尼格罗人、尼罗特人、班图尼格罗人、科伊桑人、尼格利罗人等。尼格罗人种苏丹类型的民族分布在撒哈拉沙漠以南、尼日尔河和乍得湖一带，他们身材高大，长头直鼻，成年男子平均身高1.82米，肤黑如漆。另一种高个子黑人称尼罗特人，他们分布在苏丹南部、乌干达、肯尼亚、埃塞俄比亚等国，特征是皮肤黝黑，头发卷曲，嘴唇宽厚，上腭突出，成年男子平均身高1.80米左右。

班图尼格罗人主要分布在非洲中南部。北起刚果盆地，南至好望角，都有班图人的足迹。他们身材适中，鼻翼宽大，肤色深黑，人数较多，占非洲人口的32%。

科伊桑人是非洲东部和南部的古老居民，分布在安哥拉、南非等地。他们身材矮小，成年男子身材矮小，肤色褐黄，面庞扁平，头发黑而稀疏，常卷成胡椒粒状，人数较少。非洲另一支矮小的居民是尼格利罗人，他们居住在非洲中部的热带森林里，身材矮小，头大腿短，皮肤黝黑，鼻宽唇薄，黑色卷发，体毛很多，他们自称是"森林的儿子"。

从16世纪开始，在罪恶的奴隶贸易中，有大批黑人被掠往美洲为奴，他们的后代也属尼格罗人，通常称为美洲黑人。

棕色人种

棕色人种又称澳大利亚人种或大洋洲人种。该人种的体质特征为肤色呈深棕色，有波状卷曲的黑发，体毛很多，胡须浓密，鼻梁低而宽，嘴唇略微突出。由于他们的波型头发及浓密的胡须接近欧罗巴人种，而深色皮肤、宽鼻、突出的嘴唇又与非洲尼格罗人种相似，因此，对于澳大利亚人种的起源说法不一。

▲ 澳大利亚土著人

一般认为他们是5万年前开始从东南亚一带陆续迁来的。

澳大利亚人种主要分布在澳大利亚大陆及周围的三大群岛上，主要分为两类：一类是具有尼格罗—澳大利亚人种特征的澳大利亚大陆土著居民；一类是具有南方蒙古人种—澳大利亚人种特征的岛屿土著居民。阿兰达人是澳大利亚土著居民，是澳大利亚种族的典型代表。他们身材适中，皮肤为深棕色，头发为波状黑色，胡须浓密，鼻宽唇厚，眉脊突出。他们居住在澳大利亚中部，原为澳大利亚人数最多的部落之一，18世纪英国殖民者侵入后，惨遭迫害与屠杀，现仅存约1000人。

居住在伊里安岛上的巴布亚人属南方蒙古人—澳大利亚人种。他们身材中等，肤色暗褐，头发卷曲，颌部突出。居住在波利尼西亚群岛上的波利尼亚西人也属于南方蒙古人—澳大利亚人种，但他们的身材中等偏高，皮肤浅褐，体毛较少，头发为宽幅波状黑发。夏威夷人、毛利人、汤加人都属于此类。他们大约是2500年前从东南亚陆续迁移而来的。

拉丁民族

拉丁民族泛指拉丁语系的民族，大体上包括意大利、罗马尼亚、法国、西班牙、葡萄牙及拉丁美洲诸国的一些操拉丁语种的民族。早在公元前8世纪，意大利半岛中部的一支拉丁部落兴起，他们以罗马城为中心统一了拉丁部落，并先后建立罗马共和国及著名的罗马帝国。此时意大利半岛及周围居民已经在罗马王的旗帜下融为一体，他们讲着共同的语言——民间拉丁语，创制并使用罗马字母——拉丁字母作为书面语言。随着罗马帝国的扩张，拉丁语在欧洲西南部各地得到了广泛的传播。

罗马帝国崩溃后，拉丁语在和其他民族语言的融合中，分化成意大利语、法语、西班牙语、葡萄牙语、罗马尼亚语等语种。操上述语种的民族被统称为拉丁民族。拉丁文字则一直作为中世纪西欧各国宗教、文化、科学研究等方面的共同书面语。

15世纪末地理大发现后，美洲自墨西哥以南地区先后沦为西班牙、葡萄牙、英、法、荷等国的殖民地。由于受到宗主国社会经济制度、语言、文化、宗教等方面的影响，这里的大多数国家通用源于拉丁语的西班牙语、葡萄牙语和法语，所以被称为拉丁美洲。

🔺 身穿拉丁服装的少女

日耳曼人

在距今约2000多年前的欧洲中北部，散居着一些落后的游牧部落。他们刀耕火种，缺衣少食，吃的是牛奶畜肉，住的是茅草小屋，罗马人视之为"蛮族"，称之为日耳曼人。日耳曼人属欧罗巴人种，他们有着高大的身材、白色的皮肤、长形的脑袋、金色的头发、碧蓝的眼睛，性格勇猛善战。古代日耳曼人有20多个分支，著名的有哥特人、汪达尔人、法兰克人、勃艮第人、盎格鲁—撒克逊人等。4世纪，迫于匈奴人的西征压力，住在欧洲中部、北部的日耳曼部落纷纷向罗马帝国境内迁徙。日耳曼人的大举南下，使欧洲社会发生了剧烈的动荡。

日耳曼人的一支西哥特人南渡后，夺取罗马帝国的南高卢和西班牙的土地，建立西哥特王国。汪达尔人渡过直布罗陀海峡，在北非站稳了脚跟。法兰克人跨过莱茵河，侵入罗马的高卢省，建立了法兰西。盎格鲁—撒克逊人则扬帆远航，从北欧横渡北海，入主不列颠群岛，建立了英国。

"蛮族"日耳曼人的迁徙与征服，使欧洲尤其是文明程度较高的罗马帝国满目疮痍、文化凋敝、经济衰退。然而这些蛮族征服者们很快就被先进地区的文明所征服，摆脱原始公社制残余，步入了封建社会。散布各地的日耳曼人在和当地居民长期的共同生活中，逐渐形成了近代德意志、奥地利、卢森堡、荷兰、法兰西、英吉利、挪威、瑞典、丹麦、西班牙等欧洲民族的祖先。

斯拉夫人

斯拉夫人

今天，在欧洲中部、东部和东南部的广阔土地上，居住着近3亿斯拉夫人，他们主要分布的国家是波兰、捷克、斯洛伐克、南斯拉夫、保加利亚以及俄罗斯、乌克兰和白俄罗斯。

斯拉夫人属欧罗巴人种，身材魁梧，体格健壮，皮肤白皙，头发淡黄卷曲，头型较长，鼻子高突，眼珠为灰色或浅褐色。斯拉夫人分为三大支系：西斯拉夫人，包括波兰人、捷克人和斯洛伐克人；东斯拉夫人，包括俄罗斯人、乌克兰人和白俄罗斯人；南斯拉夫人，包括保加利亚人、塞尔维亚人、克罗地亚人、斯洛文尼亚人、马其顿人等。

古代斯拉夫人的发源地大约在今天的波兰东部地区。直到6世纪，斯拉夫人还被罗马人鄙夷地称为"蛮族"。在民族大迁徙浪潮的冲击下，这些"蛮族"相继崛起，他们越过罗马帝国的疆界，横冲直撞，征战不息，摧毁了腐朽的罗马帝国，并在帝国的废墟上建立了自己的国家。从这时起，斯拉夫人便登上欧洲的历史舞台，不久便成为这个舞台上的重要角色。

现代斯拉夫人的语言文字、风俗习惯、宗教信仰都比较相似，因为他们都是古代斯拉夫人的后裔。9世纪后半期，基里尔兄弟借鉴希腊字母，创造了一套斯拉夫字母，史称"基里尔字母"。后来部分斯拉夫人就在"基里尔字母"的基础上创造了本民族的文字，如俄罗斯文、保加利亚文、乌克兰文等。

俾格米人

● 俾格米人

在非洲的赤道热带森林区，居住着一支身材矮小的民族，人们称之为"俾格米人"。俾格米人男子平均身高1.4米左右，体重不超过40千克，妇女往往更矮更瘦，是世界上最矮的人种。

俾格米人肤色较黑，卷发薄唇，鼻梁低狭，臂长腿短，身上毛发浓密。他们思维发达，动作敏捷，剽悍强壮，善操弓箭。这个民族有着悠久的历史，是非洲最古老的居民之一。

俾格米人的总数约有 15 万，主要分布在扎伊尔境内。他们大多生活在 1 米多高的简易小棚中，弓和箭是他们唯一的私有财产。俾格米人是非洲丛林中最优秀的猎手，他们目光敏锐，嗅觉灵敏，喜欢采取悄悄接近猎物的方法，用长矛和弓箭准确地击中目标。他们能连续射出三四支箭，其速度之快，往往第一支箭尚未击中目标，第二支箭就已发出了。他们用的矛和箭头上都带有毒汁，兽触即死，但这种毒汁对俾格米人自身却不会造成任何伤害。俾格米人的行走方式极为奇特，他们能从一个树梢跳到另一个树梢，其熟练及准确程度跟猴子相差无几，他们常常是足不着地，踩着树枝，进行长途旅行，因而被称为"森林里的小精灵"。

尽管丛林中的生活很艰难，但俾格米人性格温厚且乐于助人。他们性格开朗，很少说谎或斗殴。他们用自己的土语称自己是"小矮人"，而把其他非洲人称为"真正的人"。

犹太人

▲ 吹羊角号的犹太人

犹太人古称"希伯来人"、"以色列人"，属欧罗巴人种地中海类型，发色较深，眼睛为灰色或褐色，信奉犹太教。目前世界上的犹太人大约有 1500 万，主要分布在美国、以色列和俄罗斯。

公元前 13 世纪，犹太人曾在巴勒斯坦居住。公元前 11 世纪末，犹太王大卫在耶路撒冷建立统一的以色列王国。公元前 597，年巴比伦人攻陷耶路撒冷，并掳走大批犹太人，历史上把后者称为"巴比伦之囚"。后来犹太人又先后被希腊人、罗马人征服。公元1世纪，在反抗罗马人的起义中，几十万犹太人被杀，幸存者流亡异域，无家可归。散居各地的犹太人以犹太教为纽带，在部族内部坚持使用本民族语言、文字、恪守本民族的风俗习惯，顽强地维系着

▲ 伦勃朗《犹太新娘》

民族的团结与特性。中世纪，犹太人到处受到仇视和迫害。他们被禁止拥有土地，因而多以放债和小商业为生。因此，文学作品中的犹太人形象总是奸猾狡诈、贪婪吝啬。19世纪末，沙皇俄国曾掀起大规模的排犹运动，无数犹太人惨遭杀害。第二次世界大战期间，纳粹德国制造了更大规模的排犹浪潮，600万犹太人惨死于德国法西斯之手。

1948年5月，部分犹太人建立了以色列国，当时仅有60万犹太人，此后又有不少犹太人从世界各地陆续迁往以色列，目前那里已有500万左右的犹太人。

吉卜赛人

看过影片《巴黎圣母院》的观众，一定会对美丽善良的女主人公艾斯梅拉达的不幸遭遇留下深刻的印象，她就是属于世界上唯一的以流浪生活为主的民族——吉卜赛人。

▲ 吉卜赛舞蹈

吉卜赛人是个充满活力的民族，自古以来，他们没有自己的国家，也没有固定的住地，终年漂泊天涯，四海为家。他们赶着大篷车，带着锅碗瓢盆，弹着吉他、唱着歌，从一个地方走到另一个地方。吉卜赛人有自己的部落组织，酋长是最高首领。吉卜赛人以家族关系为主，禁止和外族通婚。女子主要靠看手相以及各种巫术过活，且能歌善舞。男子的职业大多是铁匠、马贩子和乐师。吉卜赛人几乎分布于世界各地，现人口约有100万，多集中于欧美。吉卜赛人属欧罗巴人种地中海类型，肤色黝黑，头发乌黑卷曲，牙齿洁白，动作灵活，面部表情丰富。关于他们的来历，说法不一，但学者们倾向性地认为他们是来自印度北部的旁遮普邦。

吉卜赛人的流浪生涯充满了辛酸和屈辱，他们备受歧视和迫害，社会地位很低。第二次世界大战时，希特勒对吉卜赛人实行屠杀政策，有约30万吉卜赛人死于纳粹集中营。但吉卜赛人具有坚忍不拔的精神，他们战胜了重重困难，保持了自己的民族特性。吉卜赛人的音乐明快奔放，舞蹈热情粗犷，并带有热带和东方的色彩。吉卜赛人一般都聪明而秀丽，吉卜赛女郎更为许多文学作品所歌颂。

卡亚尼族人

缅甸东部山林重叠的高原上，居住着为数约8000多的卡亚尼族人。族中的

缅甸妇女

女性从 5 岁起就开始在颈部绕上一圈圈 8 毫米粗的黄铜条。随着年岁的增长，每三年重绕一次，铜圈数不断增加，到成年时竟有三四十圈之多，其高度可达 30 厘米左右，上面还装饰着银链和钱币。这种奇异的习俗，使卡亚尼族妇女的脖子比常人长出一倍以上，被称为世界上脖子最长的人。据传，卡亚尼人的祖先崇尚风为父、龙为女，妇女脖子越长，越像龙，就越漂亮。还有一种说法是，当地深山老林中经常有虎出没，妇女套上铜圈可以防止被咬伤颈部

危及生命。民俗学家认为，卡亚尼族妇女用独特的方法佩戴对她们来说十分贵重的金属，包括在铜圈上系挂银链和钱币，也是一种显示财富和地位的方式。但是，颈部套上沉重的铜圈，给生产和生活带来诸多不便。受现代文明的影响，现在已有很多卡亚尼族妇女一反传统，拒绝套铜圈。

缅甸水乡风光

爱斯基摩人

　　北美洲的北部离北极不远，气候十分寒冷。冬天，大地被厚冰覆盖，黑夜漫长，甚至连续很多天也见不到太阳。夏天，虽然稍暖和一点，白天也很长，冰却不

能完全融化。在这样的地方，仍有人居住，他们就是爱斯基摩人。

"爱斯基摩"是印第安语，翻译过来，就是"吃生肉的人"。他们吃生肉，喝鲜血。肉从哪里来呢？原来，在这里生活着耐寒的麋鹿群，麋鹿就成了爱斯基摩人猎取的对象。捕鹿的时候很多人一道合作，一部分人埋伏起来，另一部分人绕到鹿群的后面，惊吓鹿群，把它们赶入埋伏圈，然后猎取。爱斯基摩人还捕猎海豹，乘船到海里去捕鲸。麋鹿、海豹、鲸就是爱斯基摩人的主要食物。爱斯基摩人穿的衣服是用鹿皮缝制的，这种皮衣保暖性非常好。

大多数爱斯基摩人住的是木头房子，房间里的温度也不高，经常在0℃以下，甚至可达零下20℃，需要生火

🔺 爱斯基摩人正在建雪屋

这种半球形房子的建筑材料是用冰雪制成的"冰砖"，按照螺旋形砌筑，没有门和窗，只是从地下开一条通往屋外的地道。冬季的严寒把冰屋冻结得异常坚固，最猛烈的风暴也难以摧毁它。屋内铺满海豹皮，点燃用海豹油作燃料的特制炉子，既可照明、取暖，也可烹煮食物。

取暖。还有一种房子，称为"雪屋"，它的墙壁和屋顶是由一块块冰垒起来的，浇上水后，不一会儿，冰块就结为一体。据说，这种雪屋还很牢固，保暖性也不错。

文化知识

傣族为何有染黑齿的习俗

在古代傣族妇女有把牙齿染黑以示美观的习俗和心理。

他们先将栗木用火熏出烟灰，然后再把烟灰在小铁片上用火炭烘烤，用手指在铁片上沾烟灰来擦牙齿。

把牙染黑，实质是为了保护牙齿。但傣族姑娘们以牙黑为美，认为牙染得越黑就越美。

🔺 染黑齿的傣族妇女

染牙齿的年龄一般是从十四五岁开始，所用的栗木和盛栗木烟灰的铁片由姑娘们准备，地点是村子中姑娘们常常集中的地方，时间为晚上。因此，有人认为女子染齿，标志着女子已经成人，可以进行社交并谈情说爱了。

吸鼻烟当见面礼

敬鼻烟壶是蒙古族牧民招待客人最常见的见面礼。按照古老的习俗，来客如是同辈，就用右手互相交换，双方都将对方的烟壶吸一下后再互换回来；如果是长辈来了，则要请长辈先坐好后，自己站着与长辈交换，长辈吸过，自己不吸，然后将鼻烟壶微微向上举一下，双手捧还给长辈，把自己的烟壶换回。妇女在举壶时还要

🔺 鼻烟壶

轻轻碰一下自己的前额，并慢慢弯下腰，然后双手递给长辈。现在的礼节已经简化了，有客人到家时，主人必须先拿鼻烟壶敬献，经过交换鼻烟壶后，即使是素不相识的生客，也可以自由自在地交谈，使来客感到亲切温暖。

毛利人的碰鼻礼

在新西兰居住的毛利人，热情好客，十分讲究礼节与礼貌。如果有客人来访，毛利人一定为来客举办专门的欢迎仪式，最让客人满意的是男女老幼都引吭高歌，兴致勃勃地拉着客人手舞足蹈。这一切过去以后，就举行毛利人传统的最高

△ 毛利人

敬礼——"碰鼻礼"。主人与客人必须鼻尖对鼻尖连碰两次或更多次。碰鼻的次数与时间往往标志着礼遇规格的高低：相碰次数越多、时间越长，即说明礼遇越高；反之，礼遇就低。

据说，"碰鼻礼"是毛利人远古留传下来的独特见面方式。

△ 毛利人

"那达慕"——蒙古草原的盛会

▲ "那达慕"仪式开始

"那达慕"大会是蒙古族人民一年一度的盛大娱乐活动。蒙古语"那达慕",意思就是"游艺"的活动。盛夏或初秋,是牧区的黄金季节。千里草原,湖碧草绿,牛壮羊肥,一派丰收景象。一到此时,草原人民都要举行传统的"那达慕"大会。

盛会那天,家家黎明即起,男女老幼都要梳洗打扮一番,换上艳丽的民族服装,迎着曙光,骑着摩托车或膘肥脂满的骏马,赶着装饰一新的勒勒车,拉着蒙古包、皮毛、药材等什物,从四面八方奔向设在开阔地带的会场。盛会开始,先由长者或组织者祝词,然后参加体育比赛的运动员——摔跤手、射骑手——雄赳赳地绕场一周。

"那达慕"大会上,既可以看到传统的摔跤、赛马、射箭比赛,

▲ 蒙古摔跤

又可以欣赏草原轻骑兵——"乌兰牧骑"的精彩演出。其中摔跤场面激烈，摔跤健儿个个体魄健壮，上身穿着镶满大铜钉的皮坎肩，下套肥大的摔跤裤，脚蹬马靴，腰间系着彩色腰带。一声令下，一方拽住一方的臂膊，角斗逐渐进入高潮。争持的双方眼疾手快，机动灵活，互不相让，经过摔扭、拉扯、脚绊等许多回合，只要一方的手掌或膝盖以上的部分着地，即为败者。优胜者则扬眉吐气，可领到熟食、糖块等奖赏。

△ 赛马

　　"那达慕"大会期间，农牧民都愿意把自己生产的羊毛、皮张、酥油、奶酪、手扒肉、牲畜拿到会上交易，同时，还可以买回称心如意的衣服、茶叶、红糖以及电视机、音响、风力发电机、剪羊毛机、小型提水机械等生活、生产用品。所以，"那达慕"也是草原上的商品交易会。

　　"那达慕"历史由来已久，最早兴起于成吉思汗时期（13世纪初）。当时，过着游牧生活的蒙古族人民精骑善射，经常在莽莽丛林、草原从事狩猎活动。为了加强部落之间的交往、炫耀自己的势力，蒙古族人民每年都要聚会一次，聚会时，把摔跤、赛马、射箭等作为娱乐和较量的手段。随着生产的发展，"那达慕"空前活跃，逐渐成为蒙古人民盛大的娱乐活动。

中国的茶文化

茶树的原产地是我国云、贵、川之间的山地。汉朝人写的《神农本草经》中说："神农尝百草，一日遇七十毒，遇茶而解。"中国人自古认为茶有医药效果。《华佗食论》说苦茶益神思，有助头脑清醒。由此看来，自古我国人民由采茶到种茶，由用它为药，到饮茶提神，就是我国"茶文化"的开始。

汉末后，茶的饮用逐渐增多。据陈寿《三国志》记载，吴主孙皓

▲ 北宋斗茶图

对宴会中酒量小的人赐茶当酒。唐朝茶的种植遍及很多道、府，浙江有的茶场用采茶工两三万人、制茶工千余人。对茶的研究是一门高深的学问，特别是寺庙僧人戒酒，对饮茶更有研究。

唐朝陆羽童年时曾被僧人收养，后写出《茶经》，对何种土地适宜种茶、如何采茶、如何制茶、如何品酌茶味等写得十分详尽。他说："茶之为用，味至寒，为饮最宜。精行俭德之人，若热渴、凝闷、脑疼、目涩、四肢烦、百节不舒，聊四五啜，与醍醐、甘露抗衡也。"这部3卷、7000字的《茶经》，是我国和世界茶文化史上的早期专著。

宋朝以后，"开门七件事：柴、米、油、盐、酱、醋、茶"。茶被列为居家必需品之一。随之，

▲ 茶圣陆羽像

茶具也日益精美。千百年来，茶更是对外文化传播的一项重要内容。日本僧人由唐时开始带茶种回国，随后《茶经》也传入日本。鸦片战争前，中国茶叶大量销往英国。1779 年至 1820 年的中英贸易中，中国输入英国的茶叶远高于从英国进口的商品，使英国贸易逆差扩大。这也是英国商人向我国偷运鸦片、导致鸦片战争爆发的原因之一。

△ 茶园

我国的名茶西湖龙井、云南普洱、黄山毛峰、六安瓜片、湖南君山、江苏碧螺春、福建乌龙，驰名世界。美国总统尼克松在 1972 年到中国时，周总理在西湖请他喝龙井茶，他认为这次喝茶是"生平难得的享受"。茶的发现和饮用是我国对世界文化的一项贡献。

旗袍——东方女装的代表

旗袍最初本是我国满族妇女的传统服装。因为满族又称旗人，所以叫旗袍。后来，汉族的妇女也开始穿起来，并在原来的基础上加以改进，使其成为我国妇女的传统服饰。

清末，满族妇女的旗袍宽大、平直、衣长至足，所选用的衣料大都是绣花红缎，在旗袍的领、襟、袖的边缘部分都用宽边镶滚。

20 世纪 20 年代初，旗袍开始普及，其样式与清末没有多少差别。但不久，旗袍的袖口逐渐缩小，滚边也不如从前那样宽了，穿着比以前更称身合体，也

时装表演会上的现代旗袍

穿旗袍的小女孩

更能衬出女性的曲线美。到了20世纪30年代，旗袍已很盛行。现代的"旗袍"，是由清代满族旗袍演变而来的。

旗袍最早并非妇女的专宠，而是满族男女老少共着的衣服。一年四季，同一式样，仅有单、皮、夹之分。早期的旗袍是一种四开衩长袍，基本款式是圆领、窄袖、宽大、直身型、左衽衣摆四周开衩，有扣襻、束腰带。它的形成与满族居住于寒冷地区并进行狩猎活动有关。满族入关后，男女旗袍稍有区别，男子旗袍袖口狭窄，呈"马蹄形"，俗称"马袖"（又称"箭头袖"），衣上长下短，两侧开衩，腰束布带，便于骑射。女子旗袍的袖口平而较大，衣长可掩足，领口较低，领口、袖头、衣襟等处镶有不同颜色的花边和牙子，满语称"陶罕"。

随着社会的发展和骑射的荒疏，男子旗袍逐渐废弃，女子旗袍却不断发展，成为女子服饰的专有名词了。身着旗袍的满族妇女，梳"旗头"，穿"旗鞋"，走起路来显得分外挺拔秀丽、婀娜多姿。

旗袍自出现以后，款式数次变化。清统一全国后，随着满汉民族生活习惯的日益融合，旗袍也为汉族妇女所接纳采用，并不断革新。辛亥革命以后，旗袍变化更大，裁制时更注意适合女性体

型，讲究线条美。从 20 世纪 20 年代末至 30 年代初，旗袍渐趋普及，成为中国妇女的主要服装。起初流行高领，炎炎夏季，薄如蝉翼的旗袍，领子高耸及耳，渐而又流行低领。袖子变化也较大，由长于手腕改为短至露肘。20 世纪 30 年代中期，旗袍又渐渐长至曳地，两边的衩开得很高，腿部若隐若现，给人一种朦胧美。

现在，旗袍成了中国传统女装的代表。

▲ 旗袍的布料

▲ 民国时期的旗袍画

古代帝王为何到泰山封禅

▲ 泰山日出

在中国古代，帝王登基称帝以后大都要到泰山去封禅。这是一种大规模的祭祀活动，与古代人们的宗教信仰有着重要的关系。

封禅是指什么呢？按着古人的观念，泰山是五岳之首，上通于天，泰山下的一座小山梁父被认为是下及地府。所谓封禅，就是在泰山上筑土为坛，燔柴（烧柴禾）于坛顶，以祭天，此称为"封"；在泰山下的小山（梁父）上选择一块地方（称为折）埋葬祭品，称为禅。两者合而称为"封禅"。

△ 泰山脚下岱庙中的皇帝启跸回銮图

原始的宗教观主要是对自然界各种事物和现象的崇拜，如日、月、星辰、山川、河流、风雨、雷电等，都可能成为崇拜的对象。当人类的思维发展到一定阶段后，这种繁杂众多的神灵信仰得到进一步概括和归纳，产生出了天与地的观念。人们把日月星辰归之于天，山川湖海归之于地，对于天地的信仰于是得以形成。泰山封禅就是这种信仰的一种表现。泰山封禅是建立在帝王的统治"受命于天"这种观念的基础上的。帝王在自己的统治取得一定成绩后，到泰山封禅，意味着向天地之神报告太平并致以谢意，感谢他们使风调雨顺、民生安乐的功劳；在泰山封禅也证明着自己的统治是受命于天的。

传说伏羲氏、神农氏、炎帝、黄帝、颛顼、帝喾、尧、舜、禹、汤、周成王都曾到泰山封过禅。由此推断，大概对天地信仰的起源相当古远。关于封禅泰山还有许多传说，被称为"千古一帝"的秦始皇据说也去过泰山封禅，而且归途中避雨的松树也被称为"五大夫松"。

△ 泰山岱庙中的天贶殿一角
天贶殿与北京故宫太和殿、曲阜孔庙大成殿并称中国三大殿。

54

关羽由人变"神"

提起关公（又称关羽、关云长），可谓家喻户晓。这位红脸美髯、威风凛凛的"大丈夫"自成名以来声名日隆。宋代，宋哲宗封他为"显烈王"，宋徽宗封他为"义勇武安王"。明清时代，关公地位更是扶摇直上。明神宗封其为"协天护国忠义帝"，清政府尊其为"三界伏魔大帝""神威远震天尊关圣帝君"。清代顺治年间，关公不仅被封为"忠义神武关圣大帝"，而且每年都得到隆重祭祀。

就这样，关公从一名武将升格成为"关帝"。人们还将他与"文圣人"孔子相提并论，称他为"武圣人"。关公被不断加封的同时，还成了佛道并尊的超级偶像。道教封之为"关帝圣君"。佛教列其为伽蓝神之一，在常见的十八罗汉旁，塑关公像以供奉之。

🔺 作为财神被人供奉的关羽

🔺 关林中的关羽塑像
位于河南洛阳城南的关林中，中为关公，左为周仓，右为关平。

在民间，关公也被神化，成为无所不能的神灵：他能消灾避邪，去祸纳福，保佑平安，主持公道，甚至还能招财进宝，给人福禄。旧时，农村求雨、械斗时，无不求助于关公，甚至婴儿的摇篮，也要拴上写有关公名字的牌。年轻的父母期望关公的青龙偃月刀砍断索命小鬼，保佑婴儿健康、宅第平安。由此，关帝也被许多行业奉为守护神，如描金业、绸缎业、典当业、银钱业、豆腐业、皮箱业、理发业等等。作为万能之神，关公受到了普遍而执著的崇拜。人们除了营建关帝庙、烧香膜拜外，还在五月十三日关公生日这天，举行热烈的关帝庙会，进香礼拜，演戏谢神，以敬祀关公。

关羽由人变成了"帝"和"神"，主要是因为他的以勇立功、以忠事主、以义待友的处事方式契合封建各阶层的心理。对于封建统治者来说，关羽忠于主子、为皇家创业的精神，完全符合其网罗忠君之士巩固政权、加强统治的心理。由此，历代帝王当然要不断为其加封，这就对关羽的神化起了推波助澜的作用。而对于老百姓来说，关羽的勇武忠义品格，也符合他们传统的道德观念。人们把他视为铁骨铮铮、侠骨义胆的好汉和英雄，所以，关帝又被民众广泛地接受和信仰。

沿海人民膜拜的妈祖

🔺 位于香港铜锣湾妈祖庙内的妈祖神像

妈祖，也叫"天妃""天后圣母""天后"，是我国沿海一带人民所敬仰的海上守护女神。在民间，广为流传着关于妈祖的动人故事。相传，妈祖诞生于北宋初年福建莆田的林姓人家。因她出生至满月从不啼哭，父亲便给她取名"默"，后尊称"默娘"。林默娘从小聪慧过人，5岁就能诵《观音经》。她心地善良，乐善好施，孝顺父母。16岁时，在井中获得神仙的铜符，此后施医拯民，妙手回春。18岁那年，焚香诵经后，独自渡海，在天乐妙音中升上了五彩云中。打那以后，她云游海上，救助那些落难的渔民和百姓。传说明朝郑和下西洋、清朝施琅征台湾，也都得到了她的庇护。

在沿海人民的心目中，妈祖是无所不能的天上神仙。人们为了纪念她，纷纷建造庙宇，烧香供奉。并把妈祖的诞生日——农历三月二十三日，定为妈祖节，进行一系列的祭祀活动。渔民们每逢出海，必前往妈祖庙烧香膜拜，乞求平安。有的还在船上供奉妈祖的神主。

随着海上航运的发展，人们更加崇拜这位护海拯难的女神。历代帝王不断对其加封，民间也不断兴建各种妈祖庙（北方称天妃宫、天后圣母宫），举行各种各样的祭祀活动。据说，目前世界上有1亿多人信奉妈祖，有1516座妈祖庙。仅台湾一省，妈祖庙就达数百座。在南洋乃至美国夏威夷等华侨聚集之地，也都建有妈祖庙。当然，最早、最为壮观的妈祖庙是在福建省的湄洲岛。如今修复一新的湄洲妈祖庙，已成为全国乃至世界各地妈祖信徒的圣地。

祭祀妈祖最隆重、最盛大的日子要属妈祖节了。每逢农历三月二十三日，渔夫们都要泊好渔船，晾起渔网，虔诚地到当地妈祖庙朝拜祭祀。有的还直奔湄洲岛妈祖庙寻根拜祷。港澳台同胞以及侨居异国的海外赤子也风尘仆仆地赶来。他们把妈祖视为炎黄子孙的象征，无论身居何处，都不会忘记中国这个根。

丝绸之路通何方

公元前2世纪前后，也就是秦末汉初之际，活跃于漠北蒙古草原地区的匈奴人势力空前强盛，不仅威逼西域诸国臣服，而且在白登地区大败御驾亲征的汉高祖刘邦。

西汉经过四十年的"文景之治"后，国力大盛，到了汉武帝刘彻时，更是兵强马壮，名将辈出，谋士如云。汉武帝是一位具有雄才大略的帝王，他利用远交近攻的战略思想，不仅使汉朝大军破匈奴势如破竹，使其远遁漠北，同时开创了连接欧亚非三洲的丝绸之路，改写了整个人类的文明发展史。

丝绸之路东起长安，沿渭水西行，循河西走廊至敦煌。出敦煌后，分北、中、南三条路线：北路自敦煌出玉门关西北行，经伊吾（今哈密西）、蒲类海（今巴里坤湖），渡北流水（今伊犁河、楚河），再向西北沿咸海和里海北边抵东罗马帝国的君士坦丁堡（今土耳其伊斯坦布尔）。中路自敦煌西北出玉门关，至车师前王庭（今吐鲁番），沿天山南麓西行，经龟兹（今库车）、疏勒（今喀什）等地，越葱岭，到大宛、康居、奄蔡（今里海、咸海间），再往西经安息（今伊朗）可达犁（即大秦，罗马帝国）。南路自敦煌西南出阳关，至楼兰（即鄯善，今若羌东北）缘昆仑

△ 丝绸之路上的绿洲

山北麓西行，经于阗、莎车等地，翻过葱岭（今帕米尔高原）到大月氏、安息，再往西可达条支（今波斯湾口）、大秦。

丝绸之路总长7000多千米（14000多华里），从公元前2世纪到15世纪海运蓬勃发展为止，将古老的中国文化、印度文化、希腊文化与波斯文化联结起来。除了将最重要也是量最大的丝绸传到西方外，蚕桑技术、火药、指南针、冶铜术、造纸术、印刷术等，也通过这条路先后传到中亚、伊朗、罗马等地。同样，西方及中亚的物产、宗教、天文、历法、数学、医学、音乐、美术等也传入中国。

西北的农民喜欢住窑洞

在我国西北地区，有广大的黄土高原，黄土覆盖深厚，土质疏松，便于开掘。因此长期以来，当地居民就土崖挖穴而居，即为窑洞。一般来说，窑洞式居室有单独的沿崖式纯土窑洞、土坯或砖石的拱式复土窑洞和天井地坑院落式锢窑三种。窑房通常宽3米，进深5～20米，分为前后两室，前室为堂屋和厨房，后室为卧室。这种窑洞住宅都有比较好的采光和通风条件。据专家测定，窑洞在3～5米的土层覆盖下，夏季室温低于室外10摄氏度，冬季室温高于室外15摄氏度，温湿度稳定。窑洞虽然在环境设施方面有所欠缺，但不易受到外界噪音和气候变化的影响，在减少大气中放射物质的污染方面，却又是其他民居形式所不及的；加上在当地生长的植物中普遍含有有益于

△ 窑洞内部

△ 西北农民住的窑洞

人体健康的微量元素锰和硒，可以防止许多慢性病的发生，有益于延年益寿，所以当地人都普遍乐于在里面居住。

北京人喜欢住四合院

🔺 北方的四合院

我国北方标准的四合院，一般都坐落在大街的路北，全宅分为前中后三个院落，由房屋院墙围绕。住宅的门洞按八卦中最吉利的乾坤方位开设，通常都设在宅院的东南角上。据说这是为了迎合从东南方向来的吉祥紫气，带有一种道家的宗教意识。紧贴着位于高台阶上的门洞，右首是门房，左首是临街的五间南房。进入门洞，迎面是雕有"福""禧"字等装饰图案的影壁。折西进入前院，前院通常以三间南房为主，做客厅、书房和仆佣的住所。位于前后院之间的中院，是交通、采光、通风的枢纽，并配以绿化，是休息和家庭活动的中心。经中院穿过垂花门，左手转弯便进入了内院。内院是整个宅院的重心所在，由一

🔺 四合院结构

个正方形的院子，以及正房、厢房、耳房、小院、廊子等组成。按照"一正两厢"的习惯，正房结构高大，布局考究，是长辈居住的地方；东西厢房结构略低于正房，是晚辈居住的地方；耳房和小院做厨房和杂用。整个院落，东南西北四面由房屋和院墙围成一个"口"字，形成一个既对外封闭又内院宽敞的四合式大院。

北方人之所以爱住四合院，有两个方面的原因。就北京来说，早在元代，北京的居民为了适应当地冬季寒冷的气候环境，多将院落建得很大，住宅的主房也多设在坐北朝南的位置，并附建东西旁房。这样，到了冬天既可以防御北风的侵袭，又可以通过宽大的庭院和房屋南向的门窗，多得日照。后来，到了明代，明王朝极端森严的等级制度的影响反映到建筑上，北京便有了皇帝住城中心的所谓紫禁城，在居民住宅中，则有了家长住正房，子女住厢房的尊卑格局，后经清代的发展，便逐渐形成了四合院住房的格式。对终日处在喧嚣中的现代人来说，居住在四合院中，自会产生一种幽雅闲适、超然物外的心境，仿佛置身于宁静的小世界一般。

我国西南的干栏式住宅

干栏式住宅分布在我国的贵州、广西、云南和台湾等省区。其特点是用木和竹做成离地面相当高的底架，再在底架上建造住房，楼上住人，楼下关牲畜和储存物件。我国使用此类住宅的有布依族、壮族、傣族、侗族、景颇族、德昂族、佤族、高山族。其中，傣族的干栏式住宅最具代表性。

在西双版纳，傣族竹楼一般大约都有 10 米见方，共有三排，21 根木柱。檩、椽多用竹竿。楼板、墙壁用竹筒劈压编成。楼顶用茅草排覆盖，呈人字形，斜度很大。楼梯一般 9 阶（或 11 阶）。上楼后为走廊，走廊对面是阳台。阳台是全家人的休息场所，也是洗晒衣物，放置水缸、菜罐的地方。室内以中排 7 根木柱一分为二，外面为堂屋，里面为卧室。堂屋有火塘，塘火无论冬夏，燃烧不息，煮饭烹茶，都在此。全家人围塘而坐，吃饭，休息，接待客人。内里的卧室呈长方形，一家几代人同居其中，席地而卧。为便于青年开展活动，紧靠楼梯的一端，往往由姑娘居住。里面为老人所住，并存放粮食。竹楼虽开窗不多，但因风能从竹壁缝隙透入，仍然十分透气，凉爽异常。楼下四周无竹墙相围，一般用于饲养牛、羊、鸡、猪等，也存放一些大农具。

🔺 傣族屋舍

傣家的干栏式住宅形式由来已久。傣家所居住的地区，气候炎热，水流纵横，地面潮湿，不得不采用这样的住宅形式。采用这种住宅形式，既可避免潮湿，又可安放牲口，便于看管。傣家人对竹楼的建设非常重视，视之为生活中的一件大事。贺新房的仪式比过节还热闹，主人设宴款待宾客，歌声、祝福声此起彼伏。

🔺 干栏式住宅

蒙古族人居住的蒙古包

春季的内蒙古大草原，牛羊肥壮，水草丰美，银白色的蒙古包像繁星一样点缀在辽阔的原野上，在正午的日光下熠熠生辉。牧民们骑在高大的马背上放牧羊群，他们悠然自得的吆喝和牛羊欢快的嘶鸣交织在一起。澄澈的溪水在草原上流淌，几只雄鹰从天空中盘旋飞过，真是一幅"天苍苍，野茫茫，风吹草低见牛羊"的美丽图画。然而每当冬季来临，寒风卷过原野，北雁南飞，草木开始枯萎，河流冰封，草原上满是积雪，顿时广袤的大草原化作另一副容颜。随着季节的变换，牧民早已收起蒙古包，驾着"勒勒车"，赶起牛羊往南迁徙了。

▲ 蒙古包

由于放牧受到季节的影响，牧民们的生活注定是漂泊不定的。他们没有固定的居住地点，不能建造房屋，因此就发明了适宜随时迁徙的蒙古包。

"蒙古包"亦称"毡包"。蒙古语称为"蒙古勒格尔"或"本布根格尔"。古代汉文献中多称"穹庐""旃帐""毡帐""帐幕"。"蒙古包"的称呼始于清朝。蒙古包由上下两部分构成，通常高约2.1～2.4米，直径3～3.3米，周围环绕着用木条结成的网状围壁"哈那"，顶部则用木条搭成伞形支架，然后在周围和顶部覆盖上厚厚的羊毛毡，用牛毛绳从各处绑缚住，包顶中央是圆形的天窗，直径约有三四尺，雕刻着美丽的花纹，可用来通风和采光。包门开成长方形，高1.1米，宽0.8米左右，有的用木板门，有的挂毡帘，东南或南向。包内中央设置炉灶或火塘，上通天窗。灶北紧靠围壁设一木柜，为供佛处。正面靠边处放置一长方形矮桌，家长居正面，左面为男子睡觉处，右面为女

▲ 现代蒙古包内的家居摆设

子睡觉处。除此之外，包内还有柜橱和别的家具，地面上铺着毛毡或牛羊皮，或者地毯。一般小的蒙古包可住数人，大则十数人甚至数十人。在古代还有过可以容纳千人的蒙古包。蒙古包制作简便，易于装卸，随时可以根据游牧的需要迁徙，而且是抵御风沙、保暖耐寒的极好居所。在一些半农半牧的

▲ 现代蒙古包都用上了电器

地区，蒙古族人在包顶以柳条、苇草和泥土搭盖，可以长期定居。

扑克上的奥秘

玩扑克是一种老少咸宜的娱乐活动，工余闲暇，它给人们的生活增添了不少乐趣。当你手拿扑克，口中喊着一对"5"、一只"10"，或是"大王""老K"的时候，你是否知道扑克上的数字、图案所包含的奥秘呢？

一副扑克除去大王、小王，还有52张牌，这正好是一年中52个星期的数目。扑克牌上的4种花形，代表春、夏、秋、冬四季。每种花形有13张牌，表示每

个季度有 13 个星期。扑克中的"J、Q、K"相对应的数字是"11、12、13"。再把"小王"与"1"对应，那么除去大王之外的 53 张牌的总和，等于 365 天，是一年的总天数。这是人为的设计安排，还是天成的巧合呢？你能做出判断吗？

扑克是从国外引进的娱乐工具，扑克牌面上的"国王""王后""大臣""骑士"图案可以证明这一点。扑克上的"红桃""方块""梅花""黑桃"，代表着某种社会阶层，比如"红桃"代表贵族、骑士，"方块"代表教士、僧侣，"梅花"代表商人、市民，"黑桃"则代表农民。

好莱坞

好莱坞作为电影名城而闻名于世，但鲜为人知的是，它的奠基人并不是为电影事业奋斗不息的影业人员，而是两个对电影不感兴趣，甚至对导演、演员极为反感的人。

一百多年前，一对年龄相差 30 岁的老夫少妻来到加利福尼亚州游玩，男的名叫哈韦尔·考克斯，女的名叫戴依达。考克斯为前妻的去世而悲伤，在旅游散心时，在火车上与戴依达一见钟情并结为伉俪。戴依达一眼看上了一块长满无花果树的地方，提出要在这里定居，丈夫二话没说，掏出 300 美元便将这块土地买下。考克斯太太出生于伊利诺伊州，故乡的家是一座冬青树环抱的庄园，出于对家乡的怀念，她不顾这只生长无花果树的现实，硬将它命名为"冬青树林"，即好莱坞（Hollywood）。就这样，大名鼎鼎的好莱坞便在1887年2月悄然诞生了。16年后，当这里变为市的时候，177位有选举权的居民一致赞同以"冬青树林"作为市名。

以后的十年里，电影业迅速而蓬勃地发展起来，好莱坞因气候温和宜人，阳光终年普照，依山傍水，既有草原又有沙丘的优越地理条件，吸引了大批的从影

▲ 好莱坞中的星光大道

人员。从此，安宁、和谐、具有传统生活秩序的好莱坞受到了新潮的侵袭。当考克斯夫妇和当地居民看到影业人员不修边幅、举止散漫、作息时间颠倒，特别是看到穿着暴露戏装的女演员在拍戏空当，公然跷着二郎腿在咖啡馆里喝咖啡时，他们简直

▲ 好莱坞

不能忍受，于是愤怒地联名请愿，要求法院将这些"野人"赶出好莱坞。然而，好莱坞的保守势力未能阻挡住电影事业的发展，好莱坞终于变成了人尽皆知的电影王国。耐人寻味的是，考克斯夫妇并没有因是这个王国的反对者而被摒弃，相反，由于他们为好莱坞起了这样一个优美动听的名字而受到称颂，而且被列为好莱坞的传奇人物。1979年，当地一些影视杂志、唱片公司、电视台筹集资金20万美元，用纯钢材料更换了坐落在山里的好莱坞几个大字，每个字母有五层楼高。

白 宫

白宫是美国总统办公和居住的地方，坐落在美国首都华盛顿的宾夕法尼亚大街，一直是美国总统的官邸。这是一座白色墙壁的三层楼房，整个建筑给人以宁静、温馨的感受。最富丽堂皇的地方是东厅。白宫的后翼是总统官邸，"椭圆形办公室"和"玫瑰园"都在里面。

但是在初建时白宫却并非白色。当初由美国缔造者华盛顿于1792年10月3日奠基动工，1800年建成，历时8年；设计者是爱尔兰设计师詹姆士·霍本。1814

🔺 白宫

67

年 8 月，白宫在战争中被英国军队焚烧，主体结构只剩下一个空架子。1817 年，由霍本重新建成，为了掩饰火烤过的痕迹，灰色的沙石上被漆上一层白油漆。1901 年西奥多·罗斯福当选为第 26 届总统，他将这座古老的豪华建筑命名为"白宫"。

有趣的是，在白宫里面的 100 个厅室中，有许多也是用颜色命名的，比如椭圆形的总统会客室，以及摆满杰弗逊总统时代各种物品的"绿室"等等。

现在，星期二至星期六，白宫都对外开放，接待世界各地游客，游客人数每年达 150 万。

高跟鞋是谁发明的

穿着高跟鞋的妇女，无论站立或行走，都必须挺胸、收腹、提臀，所以显得挺拔、俏丽。高跟鞋为妇女们增添了不少魅力。不过高跟鞋发明者的本来目的可不是要美化妇女，而是要限制妇女的行动。

15 世纪前，威尼斯有一个叫德库勒的商人，他非常多疑，心胸狭窄，并且贪财。德库勒长年出门在外做生意，他经常担心自己不在家时，漂亮的妻子会招蜂惹蝶。

一次，德库勒又要出远门做生意去了。可他却顾虑重重，因为他既不愿意守着妻子而放弃了金钱，又不甘心为了金钱而放纵娇妻。他绞尽脑汁始终想不出两全其美的好办法来。

一天，威尼斯又下起了细雨，德库勒在家里苦苦想着对策，心情像外面的阴雨天一样灰暗。这时房前泥泞的小路上正走过一位行人，他的鞋跟上

沾了不少泥，一步一滑，很不好走。德库勒眼睛一亮，高兴地想："对呀！我给妻子做一双难走的鞋，她就无法到处乱走了！"

狡猾的德库勒没收了妻子原有的鞋，让她穿上他特制的高跟鞋，然后放心地出门去了。谁知他的妻子穿上高跟鞋后觉得很好玩，出去东游西逛，反而出尽了风头。许多小姐都觉得她的鞋很好看，大为赞赏，于是高跟鞋很快便流行起来了。

木 屐

木屐，就是木制的鞋子。提起它，还有一个感人的故事哩！

春秋时，晋文公出国流亡 19 年，即位后，便封赏他的追随者。追随者之一介之推却不受禄，隐于深山，敦请不出。后来文公以火焚山，以为这一下子可以把他逼出来。但介之推仍然不愿出来，抱树焚死。事后，文公甚为哀惜，便以这棵树制成木屐，以作纪念。如果以这个故事为依据，那么木屐的出现，已是 2000 多年前的事了。

相传孔子在蔡国时，夜间还曾被人偷去一双木屐。孔子的木屐与

众不同,它的长度竟达1尺4寸!由此可见,当时木屐不仅为一般平民穿着,而且士大夫也喜穿用。

到了宋代,京师长者都穿着木屐,仕女出嫁,亦以漆画制彩,屐为妆奁。

广州的木屐也源流久远。明末清初,仕女及小孩多穿红皮屐,男人则穿黑皮屐,样如便鞋,当时出售木屐,只由杂货店兼营。后来,便有专营木屐的商店出现。

"奥斯卡"奖

众所周知,每年的三四月间,太平洋之滨的美国名城洛杉矶音乐中心影星荟萃,他们在这里参加由美国电影艺术与科学学院举办的奥斯卡金像奖的颁奖典礼。这是世界影坛上的一件令人瞩目的事情。

那么,为什么将金像奖命名为"奥斯卡"呢?这还得从金像的设计说起:金像的造型本由米高梅公司的美工师塞德里克·吉木斯构思而成,后由青年雕塑家乔治·斯坦利于1928年完成塑像的制作。这尊金像的主体是一个男人站在一盘电影胶片上,他

手中紧握战士的长剑，像身长 34.5 厘米，重 3.45 千克，由铜锡为主的合金铸成。因塑像呈金色，故称之为"金像奖"。得名"奥斯卡"是在 1931 年学院颁发金像奖之时。说来也纯属偶然，当年颁奖前夕，评审委员会的成员在一起评议金像，当时的艺术与科学学院的图书馆管理员（此后任副院长）玛格丽特·赫里奇仔细地端详了金像后，情不自禁地叫道："呀！他看上去真像我的叔叔奥斯卡！"于是，艺术与科学学院的工作人员便称金像为奥斯卡，这个名称也从此闻名全球了。

迷你裙

迷你裙又叫超短裙，它具有轻松活泼、俏丽潇洒的特点，深受年轻女性的喜爱。而它的创始人竟是一位一向以保守、古板著称的英国人。

早在 18 世纪至 19 世纪，欧洲的妇女们都是戴着饰物繁多的大帽子，穿着花边堆叠、皱襕累累的长衣裙去打高尔夫球和网球的。1910 年，有一位英国妇女大胆地以男西装式的女上衣及平跟鞋在球场上亮相，成了轰动一时的创举。此后，英国女性中便流行起一种头戴小巧呢帽、身穿男西装式的轻便套装、脚穿平底鞋的装束。英国女性的这种新式打扮，引起了法国女性的哄笑："无跟的鞋，简直和男性没有什么区别！"1955 年，英国人玛莉·昆特结合了男女装的长处，设计了一种裙装，把当时只求简便而忽视女性魅力的呆板服装彻底改观了，获得极大的成功，这种裙装就是"迷你裙"。此后，不论是在网球场还是在大街小巷，到处可以看见这种既轻便舒适，又具女性美的短裙了。

葡萄酒

一提起葡萄酒，人们一定会联想到我国唐代诗人王翰的《凉州词》来："葡

▲ 葡萄酒

萄美酒夜光杯，欲饮琵琶马上催，醉卧沙场君莫笑，古来征战几人回。"诗人借着佳酿美酒和精美的器皿，把古代边疆的戎马生活刻画得丰富多彩和气宇轩昂，实在令人称羡。据《史记》记载，在西汉时，我国中原地区就已掌握了葡萄的栽培及葡萄酒的酿制技术了。到了唐代，葡萄酒的酿制已非常盛行。贞观之后，唐代葡萄的种植发展很快，民间酿造葡萄酒也随之普遍起来。可惜在唐以后，没有继续发展下去。直到1892年，清代爱国华侨张弼士在烟台创办了张裕葡萄酿酒公司，我国才开始了近代化的葡萄酒生产。

V 的由来

西方人常用"V"字表示胜利与和平之意，为什么这样表示呢？

"V"这个符号的发明者是第二次世界大战中逃亡英国的比利时人维克托·德拉维利。1940年末的一个晚上，他在广播里建议，用粉笔在各公共场所写上"V"字，表示坚信盟军的胜利，让那些纳粹匪徒心神不安。于是，在欧洲各沦陷国家，无论拉汽笛、按汽车喇叭，还是叫服务员，都是"嘀—嘀—嘀—哒"。这三短一长的音符，译成摩尔斯电码，正是"V"的符号。此后，朋友见面，伸出两个手指作"V"形互相招呼，有色粉笔写的"V"字到处都是，连德国军官的专用厕所里也有。以后，人们便用"V"字来表示"胜利或和平"的美好祝愿了。

护 照

● 中华人民共和国护照

护照是由国家主管部门发给的用来证明出国人员身份的证件，一般分为外交护照、公务护照、普通护照三种。

护照是干什么用的呢？形象地说，护照是一种特殊的身份证件。有了这张护照，就可以办理各种手续，到国外旅行；可以用护照证明国籍；在国外遇到麻烦和危险时，可以凭借护照，到本国驻外大使馆要求提供保护；同时，在国外也可以凭借护照要求回国。

护照是以国家元首的名义，授权给专门机构颁发的，所以护照的作用很大。

早在1700年前，罗马帝国就有了护照。不过那时的护照是专门发给邮差的，因为邮差要替各国的人送信，他们出国的时候，如果没有凭证，守关的士兵就会把他们抓起来；而到了国外，如果没有凭证，外国的官府也会把他们当间谍抓起来。那么，该怎么办呢？于是国王就给他们颁发盖有官印的特别证书，邮差凭着这种证书，就可以在旅途中享受某种特权和待遇。

到了中世纪，这种特别证书又发给了皇家使节。这样就逐渐地演变成一种发照制度，出国做生意的商人也可以获得这种证书，用以保护自己在国外的利益。

在我国，护照制度的形成很晚。唐朝时，高僧玄奘去印度取经，就因为没有护

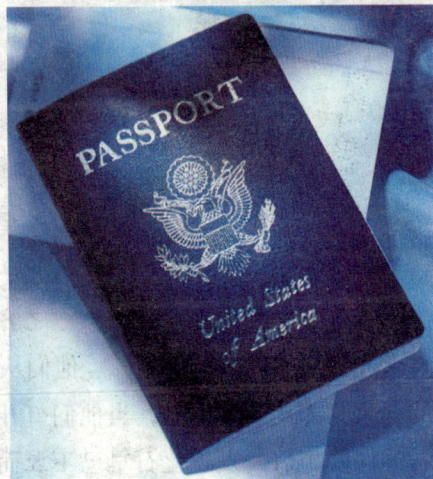
● 美国护照

照和其他各国的证件，而好几次差点被守边关的官兵抓起来，一路上吃了很多苦头。要是那时也像现在这样可以领取护照，他就不会有这么多麻烦了。

失踪的北京猿人化石

北京人头像复原图

根据第11号头骨化石复原的北京人头像，是人类学头像复原的首例。据研究测定，周口店北京人的脑量为1059毫升，离现代人的平均脑量1400毫升还有较大距离，但从脑膜上语言区部位隆起的现象分析，他们已经有了简单的思想和语言能力。

1941年初，日本军队发动了太平洋战争，美国驻中国大使馆通知在北平（北京）的侨民撤退。这时，研究北京猿人化石的德籍犹太人魏敦瑞教授，也决定到美国自然博物馆去继续研究北京猿人化石，并想把所有猿人化石一起带走。未得到中国方面的允许，他就带一份最完整的模型走了。

复制化石模型的技工胡承志请解剖科技术员吉延卿帮忙，将北京猿人化石装在一个大木箱里，又用一个稍小的箱子装山顶洞人的化石，然后，由协和医院总务长博文亲自照管，将这两大木箱化石送到协和医院一个保险库房中。1942年8月，北平协和医院突然来了两位不速之客——日本的人类学家长谷部言人和地质学助教高井冬二。他们从东京赶来，企图得到全部珍贵的北京猿人化石。但是，当他们打开藏有北京猿人化石的保险柜后，发现化石早已不翼而飞，真标本已经被模型所替代。

北京人狩猎归来雕塑

北京猿人化石究竟弄到哪儿去了呢？解放后，裴文中曾写文章回忆道，日本侵略军占领协和医院后，曾不断派人找他的麻烦，逼问北京猿人化石的下落。1943 年 4 月，还派一特务老手刑讯了被拘禁的博文。过了一个月，日本人中传说北京猿人化石在天津找到了，要魏敦瑞的女秘书去辨认。但她到了天津以后又被劝回，原因是天津的发现和北京猿人化石没有关系。可是，从此以后，日本方面再也没提化石之事了。北京猿人化石不翼而飞，至今还是一个谜。

我国古代的书籍

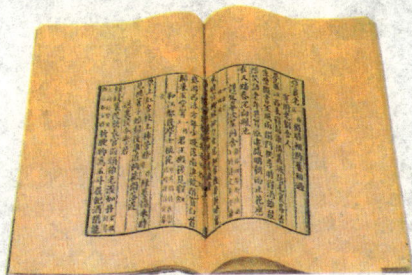
● 蝴蝶装书籍
　　蝴蝶装从外表看很像现在的平装书，打开时版心好像一只蝴蝶的身躯居中，左右的书叶恰似蝴蝶的两翼向两边张开，仿佛蝴蝶展翅飞翔，故名蝴蝶装。

我国最早的书籍出现于商代，它们是"简册"和"版牍"。那时还没有纸，简册就是将细竹条或细木条编连在一起。一根竹木条叫"简"，通常只写一行字，把很多条简用麻绳、丝绳或皮条连起来，成为一策（册），就是一篇文章，也就成了一部书。我们现在还把一本书叫作一册书，连起来的木简像一个"册"字，所以说"册"字是一个象形字。

版牍用的是很薄的木板，没有写过字的叫"版"，写了字的就叫"牍"。往往一块版只能写一篇短文章。那时写字已使用毛笔和黑墨，写错了就得用刀子刮削。所以，现代人写文章时要去掉多余的内容或修改时，仍然使用"删削"

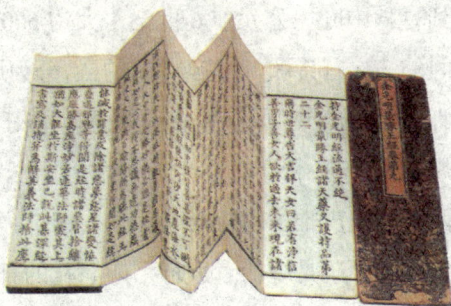
● 经折装书籍
　　中国古书装帧形式之一，由于是改造佛经卷子装而成为互相连属的褶子装，故名经折装。它的出现标志着中国书籍的装帧完成了从卷子装向册页装的转变。

这个词。那时候的书笨重极了，秦始皇每天要看一百多斤重的简册文书。据说东方朔给汉武帝上一篇奏章，使用竹木三千根，由两个人吃力地抬进宫去。

还有一种书，在春秋战国时与简册同时使用，是写在丝织品上的，叫做"帛书"，但价格昂贵，不及简册那样普遍使用。

纸书是从汉朝开始出现的，到晋朝便完全代替了简册和帛书。最早的纸书是用一根细木棒做轴，将写了字的长长的横幅卷成一束，叫作一卷。雕版印刷术发明后，才变成为册页形式的各种书籍。

旋风装书籍

旋风装是对卷轴装的改进。在卷轴装盛行的唐代，为使翻检方便，将单页两面书写，逐页相错地粘在长条底纸上。打开时可以逐页翻阅，收藏时从首向尾卷起，外表仍似卷轴装。

《诗经》

中国最早的诗歌总集是《诗经》。它收集了从西周初年（约公元前11世纪）到春秋中叶（公元前6世纪）大约500年间的305首诗歌。《诗经》里的诗，分为风、雅、颂三类。"风"大多是民歌，富于思想意义和艺术价值，共160篇。"雅"是西周的正声雅乐，共105篇，分"大雅"、"小雅"。"颂"是统治者进行宗庙祭礼的舞曲

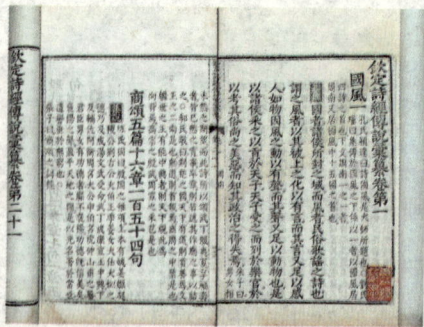

《诗经》

歌辞，分周颂、鲁颂、商颂，共40篇。《诗经》的形式基本上是四言诗，比较整齐，普遍运用赋、比、兴的手法。"赋"是直接铺叙陈述；"比"是比喻；"兴"是借物起兴，以引起下文。这种表现手法被后人所继承发展。《诗经》中广泛而深刻地描绘现实、反映现实的精神，开创了中国诗歌的优良传统。

体育纵横

TIYU ZONGHENG

奥 运 知 识

奥运圣火的由来

　　早在公元前 776 年第一届奥运会上，就有点"圣火"的仪式，它起源于古希腊的神话。传说有一次人类捉弄了霸道的天神宙斯，宙斯一怒之下，拒绝给人类降火。一位名叫普罗米修斯的人为了给人类取火种，不顾自身安全，把茴香树枝伸上天空，从太阳那里引来火种。宙斯知道后怒不可遏，把普罗米修斯吊在高加索山的悬崖绝壁上，任其风吹雨打、烈日曝晒、鹫鹰啄食。普罗米修斯受尽了煎熬。后来，人们为了纪念这位给人类带来温暖和光明的勇敢的取火者，就制成火炬来传递，并把火炬作为光明、勇敢和威力的象征。

🔺 奥运圣火传递

奥运圣火的采集和传递

　　早在公元前776年第一届古奥运会上，就有类似点燃"圣火"的仪式。

▲ 火炬传递

1896 年第一届现代奥运会开幕式上，为了纪念运动会的复活，各国选手高擎火炬入场，以祝福运动会光明长存。

1912 年，现代奥林匹克运动的创始人顾拜旦男爵为了把象征和平的奥林匹克精神永远传播开来、继承下去，提出了在奥运会

▲ 奥运圣火

▲ 运动员庆祝胜利

上点燃火炬——圣火的建议。这个建议在1936年第十一届奥运会中正式实施。奥运会圣火的取火仪式在古代奥林匹克运动发源地举行。在古希腊女神赫拉的庙旁，由化妆成女神的女子用凹面镜聚集日光点燃圣火后，用接力传递的方式把火炬运到奥运会举办地点。如途中遇高山峻岭、江河大海，则用飞机、轮船来运送。圣火在奥运会开幕前一天到达举办城市，开幕式上，由东道国著名男女运动员各一名接最后一棒，进场后绕场慢跑一圈，然后跑上体育场火炬塔上点燃巨型火炬，熊熊燃烧的火炬昼夜不熄，燃烧16天。它照耀着运动会的上空，祝愿奥林匹克精神永存，全世界人民永远和平幸福。

古代奥运会的比赛项目

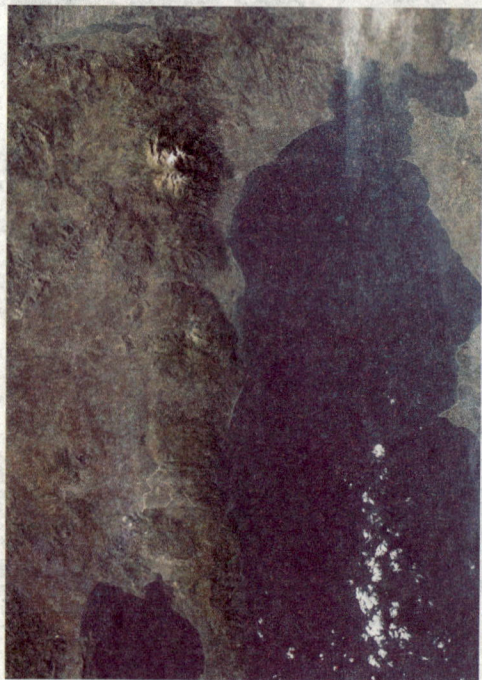
奥林匹斯山俯瞰

古代奥运会是一个综合性的盛会。赛会期间，除运动员竞技外，哲学家、雄辩家、历史学者、雕刻家、诗人等文艺巨匠均登场较量才能，同时还有政治使节进行外交活动，学者研讨学术，商人展销商品，规模盛大，热闹非凡。其中以体育比赛最为引人注目，观看的人数最多。在那体育运动初萌的年代里，体育比赛与现在的体育比赛有很大不同：项目简单、比赛方式原始、赛会时间也较短暂，远远比不上现代奥运会的五彩缤纷。

第一届古代奥运会的竞赛项目，只有一项赛跑，距离是192.7米，后来增加了加倍跑和长跑。到第18届奥运会时，增加了角力、五项竞技（即赛跑、跳远、标枪、铁饼和角力）。第32届增加了赛马和角斗（即角力和拳击相结合）。第65届增加了武装赛跑。第88届增加了赛车。到公元200年，第207届的比赛项目已经有21项之多了。随着比赛项目的增多，竞赛日期也逐渐延长。第一届奥运会只开一天就结束了，第77届以后，延长为3天，后来又延长到5天，但仍比现代奥运会短得多。

古代奥运会竞赛方式很古老。赛跑时，运动员赤脚裸体，起跑用站立式，第一个跑到终点的人，就是优胜者。跳远比赛时，竞技者必

▲ 赛跑运动历史悠久

须手持1.5~4.5千克重的物体。标枪和铁饼比赛不限定姿势。标枪长2米，中间有短绳绕在枪上，用中指和无名指插入绳尾的一个圈内掷出；投饼最初是用石饼，后来才用铁饼。铁饼大小差别很大，小的重1.249千克，直径16.5厘米，大的重5.707千克，直径34厘米。公元前5世纪，希腊杰出的雕塑家米伦创造了《掷铁饼者》的塑像，这个赤身的竞技者，身姿健美，神态自然，栩栩如生。从这尊雕塑上我们仍可感受到当年掷铁饼运动员的撼人魅力。

角力比赛在一块泥泞的地上进行。古希腊人认为涂泥浆对皮肤有益，且在

角力时难以被对方捉住。角力者不按体重分级，也没有抽签分组，只是两两相角，谁使对方双肩或背的一部分三次着地，谁就获胜。

拳击比赛时，运动员双手都用皮革裹起来，比赛没有时限，中间不休息，直到其中一方完全失去抵抗能力或举手认输为止。此项比赛也不按体重分级。

角斗比赛是古代奥运会最残酷的项目，运动员不

⬤ 残疾人比赛瞬间

带任何护具，两手也不裹皮革，拳击角斗混用，十分剧烈，伤害事故很多。

此外还有举羊、四驾马车比赛（公元前680年），以及多项少年参加的比赛。

⏻ 知识链接

残疾人奥运会的起源

残疾人奥林匹克运动会始办于1960年，是由国际奥委会主办的专为残疾人举行的世界大型综合性运动会。它每4年于夏季奥运会后举办一届，迄今已举办过10届。

1960年，在罗马第17届奥运会结束两周后，来自世界23个国家的400名残疾运动员参加了在罗马举行的第一届残疾人奥运会。从1964年起，国际奥委会决定由举办夏季奥运会的国家承办残疾人奥运会，但举办地点可不在同一城市。直到1988年，国际奥委会才作出新的规定，夏季奥运会和残疾人奥运会必须在同一城市举行。

残疾人奥运会上设立的比赛项目需得到国际残疾人体育协调委员会的承认和国际残疾人奥林匹克委员会的批准。进行比赛时，按照一套预先制定好的分类和分级标准，残疾性质和残疾程度不同的运动员参加不同类别和级别的角逐。

现代奥运会的奠基人

△ 顾拜旦

在奥运发展史上，我们应该永远记住一个人的名字，他就是法国人皮埃尔·德·顾拜旦。

19世纪后期，世界体育蓬勃发展并趋向于国际化。体育活动人士迫切希望有一个大规模的国际体育组织和大规模的竞赛形式。到了19世纪末，德国军国主义发展起来，首先威胁它的近邻法国。法国人民强烈反对侵略战争，渴望世界和平。奥林匹克运动会的和平、友谊精神，恰好符合法国人民的和平愿望；其本身的形式，又正好符合世界体育发展的需要。

此时，顾拜旦挺身而出。1892年，在隆重庆祝

△ 竞走

法国体育运动协会联合会成立三周年大会上，顾拜旦公开倡议复兴奥林匹克运动会。此后，他又奔赴英、美等国，积极宣传复兴奥林匹克运动会的主张。1893 年，顾拜旦在巴黎召开国际性会议，旨在团结国际体育人士，共同促进奥运会的复兴。他又将自己的倡议写成公开信，寄给许多国家的体育俱乐部，得到不少国家的支持。

经过顾拜旦和一批有识之士的奔波努力，恢复奥运会在组织上、舆论上有了较成熟的条件。1894 年 6 月 18 日至 24 日，在巴黎召开了国际体育大会，12 个国家的近 80 名代表出席了会议，大家一致同意顾拜旦的主张，通过了恢复奥林匹克运动会的决议。并决定于 1896 年，在希腊举行第一届现代奥运会，以后按照古代传统，每隔四年举行一次。在这次大会上，成立了奥运会的永久性领导机构——国际奥林匹克委员会。顾拜旦当选为秘书长，他以秘书长名义，正式组织起草了国际奥委会宗旨、委员会章程、委员会办事机构和运动员资格审查条例。

1896 年，顾拜旦接任国际奥委会主席一职，同年，他领导了第一届现代奥运会。运动会结束时，希腊国王亲自代表希腊政府要求把雅典作为奥运会的永久地址。但顾拜旦为使奥运会成为全人类的共同财富，使其更具生命力，对希腊国王的要求给予了否定。他在 1913 年国际奥委会的会议上，亲自设计的奥委会会旗和会徽完美地体现了这一主导思想，从而奠定了奥林匹克运动的发展方向。

顾拜旦连任奥委会主席 29 年，直到 1925 年，他主动让位给年轻的继任者，他在位期间全心全意献身于奥林匹克运动，做了许多有益的工作。1937 年，他在临终前夕，嘱托亲人和同事，在他去世后，将他的心脏埋在古希腊运动会发源地——奥林匹亚，让他的心永远和奥运会、和奥林匹克精神一起跳动。

五色环的象征意义

提起奥运会的五色环，恐怕很少有人不知道。在奥运年，到处都能看到这

🔺 奥林匹克标志

一奥林匹克运动的代表性标志。然而，这一图案及其色彩到底象征什么呢？对此曾经有过不同的解释。

　　这个图案是顾拜旦构思和设计的。在 1914 年 6 月的国际奥林匹克代表大会上，顾拜旦向人们展示了一个图案，它由 5 个不同颜色互相套接的圆环和"更快、更高、更强"的格言构成。5 个圆环分别为蓝、黑、红、黄、绿五种颜色。上面的 3 个环是蓝色、黑色、红色，下面的两个环为黄色、绿色，自左至右依次排列。这就是今天人们看到的五色环。

　　有一种解释说：五色环代表五大洲。天蓝色环代表欧洲，黄色环代表亚洲，黑色环代表非洲，绿色环代表澳洲，红色环代表美洲。其实，当年

🔺 奥运五环旗
奥林匹克五环旗代表亚、非、欧、美、澳五大洲。这个设计使得每个参赛国的旗帜上都至少有奥运会旗帜上的6种颜色（包括白色背景在内）之一。

顾拜旦之所以采用这几种颜色，是因为它们包括了当时奥运会所有参加国国旗的颜色。1979年6月，国际奥委会在其出版物《奥林匹克杂志》上正式指出：根据奥林匹克宪章，五环的含义是象征五大洲的团结，以及全世界的运动员以公正、坦率的比赛态度和重视友谊的精神在奥林匹克运动会上相聚。

现代奥运会

现代奥林匹克运动会主要包括夏季奥运会和冬季奥运会。两季奥运会均为四年举行一届。按规定，夏季奥运会如果因故中辍，其届次照算。从1896年雅典奥运会起，到2004年雅典奥运会止，夏季奥运会一共举办了28届，其中因两次世界大战的影响而中断过3届，实际只举行过25届。

第一届夏季奥运会犹如复萌的幼芽，刚刚出土，尚未繁茂，只有13个国家

△ 第一届奥运会会场

的 258 名男运动员参加。竞赛项目还比较少,有田径、体操、游泳、摔跤、举重、网球、击剑、自行车和马术等。运动成绩也较低,如百米赛跑最好成绩是 12 秒;铅球最好成绩是 11 米 22。第 2 届奥运会上,开始设立女子比赛项目,有 11 名女选手参加了比赛,从而打破了自古以来不许女子参加奥运会的惯例。到了 1992 年的第 25 届奥运会,参赛的人数已非常多了。开幕式各参赛队入场人数多达 15000 人,这令组委会伤透脑筋,想减少人数,却遭到许多国家的强烈抗议。开幕式当晚,光是维持秩序的警察就有 2000 多名。运动员的竞技水平也大大提高。

冬季奥运会是现代奥林匹克运动的重要部分,与夏季奥运会在同一年不同城市中举行,而且,届数的计算方法与夏季奥运会不同,是按实际举行的次数计算届数。每届的时间最多不得超过 12 天。第一届冬季奥运会 1924 年在法国夏慕尼举行。目前,冬季奥运会举行的比赛项目有:越野滑雪、高山滑雪、跳台滑雪、北欧两项(又称滑雪两项。包括 70 米级跳台滑雪和 15 公里越野滑雪)、有舵雪橇、速度滑冰、花样滑冰等共 10 大项。

除了夏季奥运会和冬季奥运会外，还有一些其他形式的奥运会，它们是：美洲大陆奥运会（也称泛美奥运会）、伤残人奥运会、特殊奥运会（即世界弱智人运动会）、智力竞赛奥运会（即专门较量智力的国际数学奥林匹克大会）、烹饪奥运会等。

▲ 冬季奥运会冰球比赛

奥运会开幕式

奥运会的开幕式十分隆重、热烈，既要反映出奥林匹克精神，也要展现出东道国的民族精神和风俗文化等。这些都淋漓尽致地表现在开幕式上精彩的文娱体育表演中。

开幕式的主要仪式有：

——各国代表团入场。

1984年洛杉矶第23届奥运会开幕式

——东道主组委会主席或政府领导人宣布开幕式开始。

——点燃主体运动场的奥林匹克火炬，象征奥运会正式开幕。

——演奏奥运会主题歌或会歌，各代表团退场。

——大型团体操等表演。

有的东道主准备开幕式上的大型体育文娱表演，往往要花费一至两年的时间。为了尽力使表演吸引来宾，体现出奥运会开幕式盛大而热烈的节日气氛，各举办国都费尽心机，新招迭出，花费了相当大的精力和财力，使奥运会开幕式成为全世界万人争睹、不可不看的最高规格的仪式。

2008年北京奥运会开幕式

奥运会开幕式上为何放鸽子

国际奥委会在 1920 年作出正式规定：在奥运会的开幕式上要放飞鸽子。每届奥运会的开幕式上，都要把象征和平的白鸽放回蓝天，景象蔚为壮观。现在世界上各种大型的运动会都纷纷仿效。

开幕式上放飞白鸽的仪式与宗教信仰有关。据《圣经·创世纪》记载：上帝因厌世人行恶欲而普降洪水毁灭世界，唯有对上帝一向忠心耿耿的诺亚事先得到上帝旨意，造了一只方舟，携全家和各种动物逃脱灭顶之灾。当洪

▲ 奥运会开幕式上鸽子的放飞

▲ 奥运会游泳场地

水退落后，诺亚放出一只乌鸦去打探消息，结果一去不复返。诺亚又放出一只鸽子去探测洪水是否已退尽，结果，鸽子口衔橄榄枝飞回，诺亚于是得知洪水退尽。以后，鸽子和橄榄枝就成了和平的象征。

奥林匹克精神就是以和平、团结和友谊为宗旨的。在奥运会的开幕式上放出象征和平化身的洁白、美丽的鸽子，不但表现了奥林匹克精神，而且使开幕式充满了节日的气氛，显得活跃而热烈。

奥运会开幕式上鸽子的放飞仪式，往往将开幕式推向一个高潮，使观者感受到全人类和平友好的圣洁气氛。

奥运会常用的竞赛名称

奥运会比赛中有一些常用的竞赛名称，理解了这些名称，就能对奥运会比赛有个全面的了解。

预赛——是比赛最初的轮次。通过预赛淘汰一部分运动员，晋升一部分运动员。

🔺 跨栏跑

93

预赛可经过初赛、复赛，进入决赛。一般指第一轮比赛或第一阶段比赛。

次赛——是通过预赛以后组成的赛次。

复赛——是通过预赛、次赛以后组成的赛次。通过复赛可产生参加决赛的运动员。

决赛——是产生比赛最终名次的比赛轮次。广义地讲，决赛是一个产生名次的比赛阶段。

轮次——不同比赛形式对轮次的解释有所不同。但轮次的原意是指每人参加一场比赛。轮次的广义是指比赛赛次，如预赛为第一轮、次赛为第二轮等。轮次的另一种概念是指小轮，即循环组中运动员或队每人出场比赛一次为一轮。

抽签——当竞赛中出现一些难以用明确的原则或依据来决定几个事物之间的关系，但又必须区分出它们之间先后的位置时，常会采用抽签的方式来决定。如在编排工作上和临场裁判工作上常会使用抽签方法。抽签用具有签牌、硬币、扑克等。

奥运会的竞赛方法

奥运会共有 300 多种小项目的比赛。根据它们的规则和比赛特点，可将所有运动项目划分为四大类的竞赛方法。

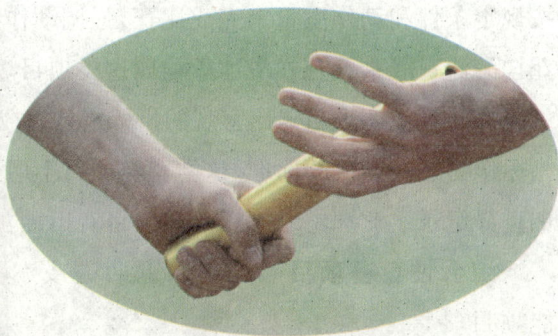

△ 接力赛

直接对抗性竞赛项目 运动员面对面直接进行对抗性比赛。如足球、篮球、排球、羽毛球及摔跤、拳击等项目。这类运动对运动员的战术和心理能力要求较高。

对比性竞赛项目 这类项目要求运动员

按规定条件和动作质量来完成比赛,强调动作难度、富有美感和艺术性。体操、花样游泳、跳水、花样滑冰等均属这类项目。

纪录性竞赛项目 用客观的指标来计算成绩,以时间、距离、重量等具体指标作为评定名次的标准。这类竞赛项目不但奖励名次,还有各种等级的纪录,如世界纪录、亚洲纪录等。具体项目有田径、游泳、举重、射击等。

综合性竞赛项目 是将以上两类或三类项目综合起来形成的一种全能项目。

"小奥林匹克"运动会

世界大学生运动会是1959年第一次在意大利正式举行的。近几年来,它的规模之大和参加的人数之多,成为仅次于奥运会的国际综合性运动会,故而被称为"小奥林匹克"运动会。各国都派

🔺 激烈的足球赛

🔺 跳水

出高水平选手或下届奥运会的后备选手参加。在世界大学生运动会上，年轻的选手们可以获得交流、锻炼和提高的机会，也进一步密切了各国大学生之间的友好往来。

世界大学生运动会是一个国际综合性运动会。正式的比赛项目有田径、游泳、跳水、体操、击剑、足球、网球、篮球、排球、水球、赛艇等。此外，根据规定，东道国还有权另外加进一个项目。

奥运会选手性别检查

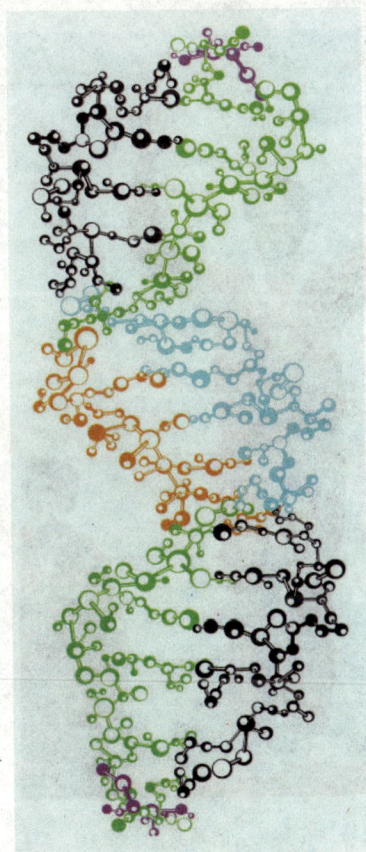

在日常生活或者事业中，常听到"巾帼不让须眉"的说法。然而在体育运动中，男女运动成绩是有一定差距的。这主要是由男女之间的生理差异所决定的。历史上竟有不少男性利用这一点，用种种手法伪装成巾帼，混入女性运动员的行列参加女子运动项目，从而轻易攫取了体坛荣誉。

在1932年，奥运会女子100米赛金牌的获得者瓦拉谢维奇，在其长达20年的运动生涯中所获得的奖牌竟达5000枚之多，是田径界的一个传奇人物。但在她死后的尸检中却发现，这名"女"运动员原来是男性（但仍有争议）。再如1938年创造了女子跳高世界纪录的朵拉·拉蒂安，1966年在世界滑雪锦标赛高山下滑女子比赛中获金牌的奥地利选手艾丽卡·施莱格等，均是不折不扣的汉子。

如何及时甄别出假女人，确认各位选手

参加规定项目的比赛资格，以确保比赛的公正进行，就成为奥运会竞赛前一项必要的检查措施。

1968 年，国际奥委会决定对所有奥运参赛选手采用一种称之为"染色体检查法"的性别分析检查法。它是通过鉴定受检运动员的细胞染色体中是否有 Y 染色体存在来确认该运动员的性别。

中国第一枚奥运金牌

我国是个人口大国，也应是个体育强国，然而在第 23 届奥运会之前，中国却从未获得过奥运金牌。这一令人痛心的历史，在 1984 年举行的第 23 届洛杉矶奥运会开赛的第一天，由中国神枪手许海峰结束了。许海峰赢得了这枚金牌，为国家为民族立了大功。许海峰的"零的突破"将永载史册。

许海峰获金牌的项目是自选手枪慢射 60 发。这种运动项目，除了射击技巧外，对运动员的心理素质要求也很高。这枚金牌也是当年第 23 届奥运会的第一枚金牌，却由从未获得过金牌的中国人赢得了，这震惊了世界，也标志着中国的体育事业从此腾飞。

▲ 许海峰站在奥运会的领奖台上

奥林匹克的奖项

　　国际奥委会为促进奥林匹克运动的发展，激励更多的人献身奥林匹克运动，除了在奥运会上给各项目获前三名的优胜者颁发金、银、铜三种奖牌外，还先后设立了奥林匹克勋章、奥林匹克纪念章等荣誉奖牌，奖励为发展奥林匹克运动作出突出贡献的团体或个人。

　　"奥林匹克勋章"。国际奥委会第七十五届全会决定，对模范遵循奥林匹克原则，积极宣传奥林匹克理想，成绩显著，以及对奥林匹克事业作出突出贡献或在体育运动中取得优异成绩者，授予奥林匹克勋章。国际奥委会为此建立了7人组成的"奥林匹克勋章理事会"，负责提名，供国际奥委会执委会讨论。

　　"奥林匹克奖杯"。国际奥委会全体会议还决定，对受到公众尊重，热情和卓有

▲ 奥林匹克金质勋章

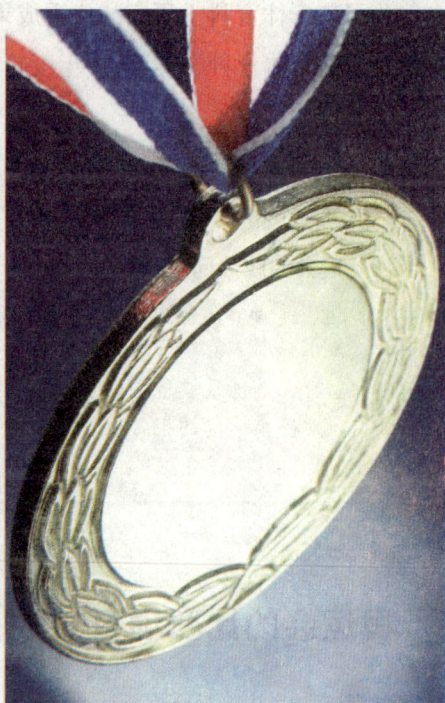

▲ 奥运奖牌

成效地为体育服务，以及对发展奥林匹克运动作出卓越贡献的国家和地区奥委会或其他社会团体，授予奥林匹克奖杯。

"奥林匹克纪念牌"。《奥林匹克宪章》规定，奥林匹克纪念牌发给全体运动员（包括奥运会奖牌获得者）、运动队的官员和其他工作人员、国际奥委会委员和出席奥运会的被国际奥委会承认的国际单项体育联合会主席与秘书长、各国家和地区奥委会主席和秘书长，以及在国际奥委会规定的名额内由有关的国际单项体育联合会正式任命的裁判员、计时员、检查员、司线员等等，以作为上述人员参加奥运会的纪念。

"奥林匹克荣誉册"。每届奥运会编委会都制作一部奥林匹克荣誉册，记载每个比赛项目的奖章获得者（前3名）和奖状获得者（第4至8名）的名字。荣誉册送国际奥委会存放于奥林匹克博物馆，作为奥林匹克运动的史料永久保存。

为了表彰体育科学研究的优秀成果，从1989年开始，国际奥委会设立了"国际奥委会主席体育科学奖"，按年度轮流对体育生物医学和体育社会科学的研究成果予以奖励。

⏻ 知识链接

奥运会的政治问题

奥运会是世界上最大的体育盛会，有时它被人们用作政治工具。在1972年的德国慕尼黑奥运会上，阿拉伯恐怖分子攻击并枪杀了以色列运动员。1980年，因苏联入侵阿富汗，美国及其盟国联合抵制了1980年莫斯科奥运会。1984年，苏联及其盟国又借口对安全问题的担心而联合抵制了洛杉矶奥运会。

奥运会的比赛项目

确定奥运会竞赛项目有3个基本原则，这就是：在世界范围内普遍开展的

运动项目，对促进身体健康有益的运动项目，目前制定有统一的竞赛章程和规则的运动项目。

除了这3条基本指导原则，国际奥委会对于批准竞赛项目还作了些条件限制，以便使奥林匹克运动随着时代发展渐趋完善化、规范化。具体说来：夏季奥运会，男子项目至少要在40个国家和3大洲，女子项目在25个国家和2大洲得到广泛开展；冬季奥运会，男子项目在25个国家和2大洲，女子项目在20个国家和2大洲得到广泛开展。

目前奥运会的比赛项目有（未含冬奥会项目）：田径、游泳（含跳水、水球、花样游泳）、射击、举重、自行车、射箭、篮球、排球、足球、手球、曲棍球、体操（含艺术体操）、击剑、国际式摔跤（自由式和古典式）、拳击、柔道、赛艇、皮艇和划艇、帆船（含帆板）、马术、现代五项（障碍赛马、重剑击剑、手枪射击、300米自由泳和4000米越野跑）、乒乓球、羽毛球、网球、棒球等。

▲ 竞跑

根据《奥林匹克宪章》规定：每届夏季奥运会的主办国必须至少选择上述规定项目中的15项才可举办，冬季奥运会则必须有滑雪、滑冰、现代冬季两项、有舵雪橇、运动雪橇和冰球等六项方可。但是主办国可以根据本国的实际情况，适当增减所规定的项目。如1964年东京奥运会主办国列入了自己较拿手的项目——排球和柔道，而1968年墨西哥奥运会上，柔道则未被列入正式竞赛项目。

🔻 奥运会上田径运动员在投掷标枪

《奥林匹克宪章》还规定：国际奥委会必须至少提前6年把承办比赛的城市确定下来，并由举办国拟出建议举行正式竞赛项目的方案，然后报请国际奥委会批准。正式竞赛项目一经确定就不容更改。国际奥委会必须在奥运会举行的前4年确定它所要进行的正式竞赛项目，并迅速通知各个参加国与地区，以便让运动员积极准备。

🔻 投标枪

⏻ 知识链接

古代奥运会的被禁

在公元前776年第一届古代奥运会上，只有一个竞赛项目：192.7米场地赛跑。随后，逐渐增加了比赛项目，包括公元前680年设置的双轮马车赛。公元394年，古代奥运会被罗马皇帝狄奥多西一世禁止。罗马人占领了希腊，狄奥多西取缔了奥运会。

体育项目

相 扑

当我们在电影或电视上看到那些胖而壮的日本相扑力士，头发梳成髻角，腰系宽围带，胯裆兜着一块厚布出场时，总觉得那形象既滑稽又有趣。相扑在日本是一种很受人尊敬的职业，被称为日本的国技，可它的起源却是在中国。为什么这样说呢？

据《日本书记》记载，日本的相扑是奈良时代（中国唐朝时代）从中国传过去的。直到现在，日本还保留了"相扑"的名称和唐代风格的装束。其比赛的形式和规则也同我国唐宋时期相扑比赛的形式和规则非常近似。

● 相扑

据考证，相扑运动是我国传统的体育项目，古称"角抵"。我国吉林省出土的公元 3 至 5 世纪的古墓壁画上的角抵图与其极相似。

宋代时，相扑极为流行。《水浒传》第七十四回"燕青智扑擎天柱"，就是描写宋代"相扑"活动的，与现在的相扑运动极相像。在宋代的"瓦子"（游乐场）和庙会上，经常举行相扑表演和相扑比赛。

后来，相扑从中国传入日本，成为日本民众喜爱的一项运动，以后，相扑又成了日本武士练武的一种形式。

残忍的体育运动——角斗

在古罗马，有一种极其野蛮、残忍和恐怖的运动。每逢节日庆典、豪门家宴，贵族奴隶主就要安排一些体育竞技表演，其中角斗是必不可少的。所谓角斗，就是由受过专门搏击训练的奴隶即角斗士，手持利器，身着甲饰的戎装，表演拼杀，进行决斗。最初的角斗，还只是人和人的角力与拳击，继之发展为人与猛兽的格斗，最后变成了人与人的厮杀。胜者生，败者死，残忍至极点。

▲ 古罗马角斗士在格斗

▲ 现代有很多格斗项目，但文明得多。

一些豪门贵族为了纵情狂乐，显示富贵，特意收养一批角斗奴隶。在罗马的许多城市里还设有角斗训练所或角斗学校。在奴隶主的鞭笞下，成千上万的奴隶在那些地方进行角斗训练。国家建了许多竞技场，以备角斗表演时用，最大的角斗场可容纳12万~15万观众。角斗还成为罗马的法定活

🔺 拳击是一项激烈的运动，但远没有角斗残忍。

动，设有官员专司其事。

角斗士的境遇十分悲惨。平日，在皮鞭、锁链之下过着牛马般的生活。角斗时，又被驱赶到竞技场上，白刃相击，彼此残杀，那尸横血流、残忍恐怖的场面为常人所目不忍睹。但那些嗜血成性的贵族奴隶主却高踞上座，恣情哄笑，津津有味地欣赏角斗士的惨遭杀戮和临死前的痛苦挣扎。这种残杀一直要进行到角斗士全部丧生或只剩最后一人而无法再斗为止。

残酷的体育运动终于迫使奴隶们奋起反抗。角斗士们不堪忍受奴隶主的压迫，在一个名叫斯巴达克的角斗士带领下，举起了起义大旗。起义队伍迅速发展到12万人，与罗马的政府军展开了英勇的斗争。后来，起义虽然失败了，但它的威力却强烈地震撼了罗马的奴隶制度，沉重地打击了奴隶主阶级，推动了历史的发展。

球类运动

人类自有文明起，就与球结下了不解之缘。古人很早就玩球类游戏了。那时的球是用石头、黏土、兽皮、木头等制成，用于抛投游戏。

现代的球类运动常见的有足球、篮球、排球、网球、棒球、橄榄球、羽毛球、乒乓球等十多种，还有许多一般人不太熟悉，

🔻 篮球

为各国或各地区人民所喜爱的球类运动。目前流行于世界各地的球类运动有40多种。

世界上最大的运动用球是"地球"。它的直径达2米，外皮用皮或帆布缝成，内有橡皮球胆。玩时，"地球"由许多人合力抛起，保持在空中飘荡。欧美国家的学校，常把"地球"运动作为体育课的活动项目之一。

最重的球是地滚球，音译为"保龄球"。球重7.26千克，可在草坪或室内地板上玩。

还有一些设计独特、有趣的球，如阿根廷的"鸭球"，是用

🔺 橄榄球

🔺 网球

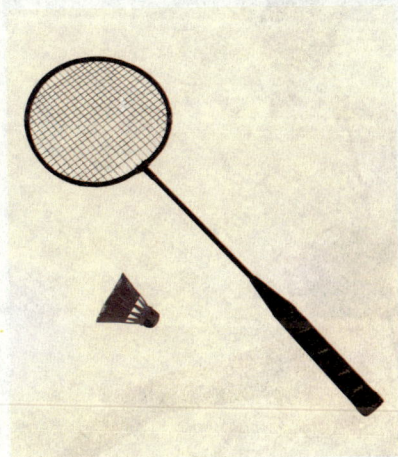

🔺 羽毛球及球拍

一块牛皮裹着一只活鸭，把鸭头与鸭足留在外边。东南亚盛行的藤球，由8至10根藤条绞合编织而成，球上涂抹椰子油。还有会发声的球、会发光的球等，五花八门，举不胜举。

排球比赛的基本技术

发球：发球主要有上手球、勾手大力球、上手飘球、正面下手球、高吊球、砍式发球、跳发球等。

垫球：是接发球和后排防守接扣球的主要技术动作。最常用的有正面双手垫球、体侧垫球、背垫、单手垫、前扑垫、鱼跃垫等。

传球：是用来接应一传或防反后，把球传给扣球手，也叫二传。

扣球：是战术配合的最后一击，是得分的重要手段。主要方法有：正面扣球、勾手扣球、单脚起跳扣球、快球等等。我国排球选手发明了多种扣球技术。如汪嘉伟的"前后背飞"、中国女排的"串手"等技术，都曾使外国球队一筹莫展。

拦网：是进攻性的防御技术。分为单人拦网和集体拦网。拦网技术复杂，要求运动员在短短的瞬间，从防守转入进攻，判断要准，空中动作难度大。因此，拦网与发球、扣球并称为排球得分的"三把刀"。我国女排的拦网技术出色，被称为"天安门城墙"。

⬥ 扣球

排球比赛的传递战术

我们在观看排球比赛时，常常会发现场上运动员把手背在后面，做着各种手势。其实这是一种暗号，表示要用某种战术来战胜对手。有时运动员用语言发布战术指示，有时是手势、语言两者兼用。

现代体育竞

△ 排球

赛日趋激烈。像排球这类集体比赛项目，除了个人的技术之外，全队的战术配合也是取胜必不可少的条件。世界排球强队都掌握着20多种进攻方法。为了战胜对手，各队之间都在拼命了解劲敌的战术，以及场上比赛时所用的手势、用语等暗号。这其实也就是运动场上的情报与反情报活动。

慕尼黑奥运会期间，日本男排所用的"时间差"这句日语很快为各国排坛熟知，以致日本排球队在比赛时再也不能使用这句日语了。在重大的国际排球比赛时，各国还派出专家用摄像机将各队比赛时所用手势摄下，加以细细研究。

熟悉和掌握劲敌的球场用语，也是各队队员所热衷的事。例如，美国女排队员对学习日语显示出异乎寻常的热情。有人向日本教练打听日本女排队员传球时叫嚷的几句短语是什么意思。有次日本排球队比赛时先用背后做手势的方法发出假战术指令，然后再用语言发布真正的战术指示，结果还是被对手识破了。中国排球队发明了许多著名的排球战术，更是成了众矢之的。

中国女排史上的"五连冠"

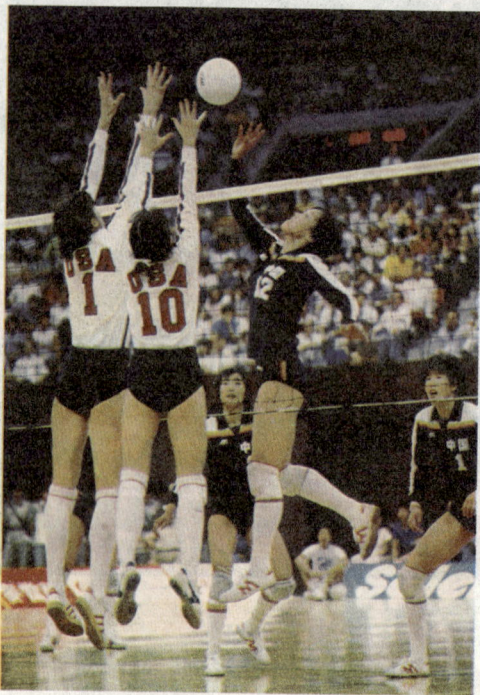

排球（拦网）

排球运动是一项年轻的体育项目，不过才 100 多年的历史。传入我国大约是在 1905 年前后。我国的女排运动发展迅速，在 20 世纪 80 年代前期，逐渐强大起来，荣获世界重大排球赛"五连冠"，被誉为坚不可摧的"天安门城墙"。

第一次女排夺冠是 1981 年 11 月在日本举行的第 3 届世界杯女子排球赛上。这也是中国体育史上三大球第一次夺取世界冠军。

1982 年第 9 届排球世界锦标赛上，中国女排第二次夺冠。

接着，在 1984 年第 23 届奥运会，1985 年第 4 届世界杯及 1986 年第 10 届世界锦标赛上，中国女排的巾帼英雄们经过艰苦卓绝的争夺，连续夺魁。这就是中国女排史上的"五连冠"。无疑，这种"女排精神"在当时掀起了一股体育高潮，激发了人们的民族自豪感，形成一股巨大的凝聚力和向心力。

排球，现已成为我国人民最喜爱的体育项目之一。

羽毛球的世界大赛

现代羽毛球运动起源于英国。自 1899 年英国举办了首届全英羽毛球冠军赛以来，这一国际上历史最悠久的羽毛球赛，已成为最重要的传统性非正式的世界单

项羽毛球赛。每年举办一届，每届约有 30 多个国家和地区的选手参加。

另一项重要的羽毛球世界大赛是国际羽毛球锦标赛（团体项目）。其中男子团体比赛又称"汤姆斯杯"赛，自 1948 年开始举办。女子团体比赛又称"尤伯杯"赛，原先是每 3 年举办一次。自 1984 年第 13 届汤姆斯杯赛和第 10 届尤伯杯赛开始，改为每逢双年举行一次，并且是同时同地举行。这两项大赛代表了一个国家羽毛球运动的总水平。

20 世纪 70 年代，国际羽联又推出了正式代表世界羽毛球运动单项最高水平的世界锦标赛，每逢单年举行一次。

另外，还有 20 世纪 80 年代增添的年度羽毛球系列大奖赛及总决赛，欧亚羽毛球对抗赛。

中国羽坛新人辈出，群星璀璨。1986 年中国羽毛球队勇夺汤姆斯杯和尤伯杯男女团体世界冠军，1987 年又囊括第 5 届世界锦标赛全部 5 个单项冠军，创造了世界羽坛的奇迹，成为震撼不倒的中国"羽球长城"。

▲ 在世界羽坛驰骋多年的拉尔森

橄榄球

1823 年在英国拉格比学校的一次足球比赛中，一名运动员不顾犯规，用手持球奔跑，从而开始了橄榄球运动的历史。后来英国改订足球规则时，把脚踢

▲ 橄榄球

的足球和手脚并用的足球分开，橄榄球正式成为独立的运动项目。现在的橄榄球由于场地、器材、服装等不尽相同，可分为英式橄榄球（又称软式橄榄球）和美式橄榄球（又称硬式橄榄球）两大类。

美式橄榄球比赛时双方各有 11 名球员上场，其中 7 名前锋，4 名后卫，比赛分 4 节进行。球可以脚踢，也可手传，还可抱着奔跑，目标是连人带球进入得分区。它的计分也十分有趣，运动员带球到对方球门前的得分区触地得 6 分，再踢定位球超过对方球横木，增加 1 分；其他情况射门得 3 分；持球队员被守方挤出端线，守方得 2 分。比赛时运动员配戴全身护具。规则允许运动员身体进行激烈的接触，所以场面十分激烈。由于在得分区外，规则不允许球接触地面，如果运动员犯规或进攻方控球落地，就出现"并列争球"。规则强制规定取得进攻权的一方，必须带球向前推进 10 码，如果不奋力前进或稍有犹豫，便很容易让对方夺回进攻权。橄榄球不像其他球有种种拖延战术，从头到尾绝无冷场，加上打法如战争场面，非常吸引美国球迷。

全美国最轰动的一场球赛是一年一度的职业美式橄榄球总决赛——"超级碗"。实际上是美国联盟的冠军与全国联盟的冠军的总决赛，1991 年第 25 届超级碗决赛之时正值海湾战争，驻守前线的美军也不曾放弃收看，真可谓一球牵动亿人心。

台 球

台球又叫桌球，起源于法国。法国王室的一名朝廷工匠发明了一种室外地上游戏，用1杆2个球来玩。不久，这种游戏形式变成在一定高度的台上进行，并移到室内，仍用1杆2个球，但球改用象牙球，并制定了比赛规则。18世纪英国人又对其进行了改造，在台盘四角加了洞让球能够滚进去。后来，美国人又改进了台边、球杆，从而使台球设备更加完善。

△ 台球

世界上台球运动的种类很多，主要分球台上有袋和无袋两大类。有袋的又分落袋台球、司斯克台球和美式台球。无袋的台球有开仑台球、三岸开仑台球和四岸开仑台球。现在世界正式比赛的台球有花色号码台球、开仑台球、落袋台球、司诺克台球。

台球运动设备很简单，分台盘、台球、球杆。比赛方式有很多，最基本的方式当推个人对抗赛。在比赛开始时，约定一个成局的分数，如100分、200分等等。分数确定了，先成局者为优胜者。比赛得分根据击球落袋计

算。如彩球中，击红球进袋得 1 分，黑球 7 分，粉红球 6 分，蓝色球 5 分，棕色球 4 分，绿球 3 分，黄球 2 分。罚分：击不中红球罚 1 分，如击彩色球不碰或白球碰彩色球自落按各颜色球分值罚分。

台球是一项高雅的文娱体育活动，既能增强人的体质，又可促进人的智力发展，其中变化微妙的球势、深奥莫测的球理，具有意想不到的吸引力。

乒乓球

🔺 前国际奥委会主席萨马兰奇为中国运动员邓亚萍授奖。

乒乓球是国人引以为傲的"国球"。

乒乓球运动由网球演变而成，英文中的"乒乓球"一词直译就是"桌子上的网球"。

打乒乓球能使人获益很多。首先，乒乓球的运动速度很快，运动距离又短，这就要求运动员头脑灵敏，反应迅速，遇事当机立断。从对方击球开始，到决定自己的接球位置、击球手法、角度、出手的分量等，一切都要在一瞬间完成。因此，打乒乓球能提高神经系统的功能，使身手变得更加矫捷灵巧。

第二，由于乒乓球飞行速度很快，使得

运动员的视觉器官得到很好的锻炼，变得眼明手快。

另外，打乒乓球能锻炼体质，增强耐力，使步伐变得十分灵活。运动员不但要不停地移动脚步，还要不断地用力挥臂，这对上下肢耐力的锻炼有很大的作用。

足球运动的起源

当今世界，足球号称"球中之王"，足球运动是"世界第一运动"。它的历史非常悠久，早在战国时期，中国已开始流行具有足球动作技术的"蹴鞠"游戏。"蹴"就是踢，"鞠"就是球。而现代足球运动产生于英国，关于它的产生还有一个故事呢。

11世纪，丹麦人大举入侵英格兰，两国之间爆发了一场战争。一天，一个英格兰人在打扫战场时，偶然挖出一个丹麦人的头骨，他不由怒火中烧，狠狠地一脚将这可恶的头骨向前踢去，骷髅头在地上滚动，发出响声。他觉得蛮有趣的，于是将那头骨踢来踢去。旁边的许多人也好奇地加入了这个"踢球"的行列中。就这样，踢头骨的游戏很快流传开来。后来，有人提出用洗净的"牛膀胱"充足气来代替"头骨"。这充足了气的牛膀胱富有弹性，踢起来既灵巧又雅观，更有趣味。

因从踢"头骨"游戏中受到启发，英国人最终成为现代足球的发明者。1863 年 10 月 26 日，在伦敦成立了"英格兰足球协会"，标志现代足球的正式诞生。1900 年足球开始列为奥林匹克运动会比赛项目。1904 年成立"国际足球联合会"，并在 1930 年举办第一届世界足球锦标赛（世界杯），以后每 4 年举行一次，成为规模最大的世界性比赛之一，代表着足球运动的最高水平。

世界第一运动——足球

1863 年 10 月 26 日，英国人在伦敦成立了一个叫英格兰足球协会的组织，这是世界上第一个正式的足球组织。至此，足球运动开始走上正轨。因此，人们便把 1863 年 10 月 26 日这一天作为现代足球运动的诞生日。足球运动之所以能成为当今世界上开展最广、影响最大、最具魅力的体育项目之一，有两方面的原因：一是足球本身的特点。足球运动竞争激烈，对抗性强，技术、战术复杂，比赛时间长，规则简单，易于开展。二是足球运动经过一个多世纪的发展，技术、战术更加丰富，比赛常常是在高速奔跑中进行，再加上优秀运动员的出色表演，高超的个人技术与巧妙的集体战术配合融为一体，使足球运动产生了一种令人不可抗拒的魅力。

如今的足球运动仅仅用"足球运动是用脚支配球为主，两个队之间进行对抗、进攻的体育项目"来定义，显然是不完全的了。足球运动因其丰富的内涵和感染力而成为一种艺术，一种人生的享受。现代足球运动在不断发展中渐渐形成了两大足球流派：欧洲流派及南美洲流派。欧洲与南美洲可以说是当今世界足坛水平最高的两个洲，主要的足球强国都集中在这两个洲。

欧洲足球流派的主要特点：技术简练实用，战术上讲究配合；打法简练快捷；运动员身体训练水平高，力量强，速度快，作风顽强，积极生动。欧洲足球强国主要有英国（含英格兰、苏格兰、威尔士、北爱尔兰）、德国、意大利、法国、荷兰、俄罗斯、匈牙利等。

南美洲足球流派的特点：运动员个人技术全面、细腻、轻巧自如；打法多以短传配合和个人突破为主，隐蔽性、突然性强，运动员富于创造性，善于即兴发挥。南美洲的足球强国主要有巴西、乌拉圭、阿根廷等。

知识链接

世界杯足球赛

由国际足球联合会举办的、4年一次的世界杯足球赛，是水平最高、影响最大的世界性足球比赛。首届于1930年在乌拉圭举行，到2000年已举办过16届。世界杯足球赛的奖杯称"女神杯"，由纯金铸成。此杯于1970年被三次夺冠的巴西队永久占有。1974年，国际足联启用新的"国际足联世界杯"，并定为永久流动杯。

令人疯狂的足球运动

足球运动号称"世界第一运动"。因为它是世界上开展得最广泛、最普及的运动项目，拥有世界上最多的观众。它的魅力是任何其他运动都难以相比的。上至国家元首，下至平民百姓，嗜爱足球者大有人在。足球运动赛事繁多，牵

动亿万球迷的心。

然而，足球史上因球迷骚乱而引发的暴力事件甚至导致多人死伤的悲剧却时常发生。

1985年，在比利时首都布鲁塞尔的海泽尔足球场举行的欧洲足球俱乐部冠军赛上，英国球迷失去理智，袭击了意大利球迷和比利时警方，致使39人丧生，数百名球迷受重伤。足球场变成了屠场！

时隔四年，即1989年4月15日，在第118届英格兰足球杯半决赛上，由于场外情绪激动的球迷拥进球场，导致秩序大乱，许多人被挤压在用于隔离看台和球场的铁丝网下，致使108人死亡，造成了震惊世界的足球史上的"地狱之门"惨案。

再看1993年5月30日在约旦伊尔比德市举行的世界杯亚洲区预选赛A组第一阶段比赛，由于伊拉克足球队战胜了中国队，巴格达球迷疯狂地鸣枪庆祝，导致9人中弹死亡，120多人受伤。

足球强国——巴西

足球在巴西的历史只有100年左右，然而，巴西的足球运动水平却非常高，出现过不少出类拔萃的足球巨星，如贝利、加林查、里维里诺、桑托斯、瓦瓦、济科、苏格拉底等。巴西足球队在世界大赛中成绩显赫，获得1958年第6届、1962年第7届和1970年第9届三次世界冠军，在历届杯赛中总分居世界第一。因此，人们称巴西为足球王国。

巴西人酷爱足球运动，巴西的小孩自站立之后，不是先学走路，而是先学踢球。球王贝利小时候，就是和街坊的一群穷孩子在街头，用赤脚踢破布球开始足球生

涯的。他曾经说过：在巴西，"要是有一样东西会动，踢它一脚；要是不会动，也给它一脚要它动；要是太大了踢不动，拿它去换样小些的东西来踢"。整个巴西是个足球的天地，到处有足球飞天滚地。城市、乡村、运动场、街头巷尾，各地都能见到人们踢球的身影。巴西人如此爱"踢"，无怪乎巴西能成为足球王国了。

　　此外，巴西有关政府部门也非常重视足球运动。第二次世界大战后不久，巴西就建起了当时世界上最大的"马拉卡那"运动场，该球场可容纳 20 万观众。现在，巴西全国有甲、乙、丙足球俱乐部 1 万多个，职业足球俱乐部 400 多个，标准足球场 4000 多个。

　　巴西足球运动的高水平，源于它雄厚的群众基础及政府部门的大力支持。

"球王" 贝利

　　提起贝利，真是无人不知，他被称为"一代球王"。他的球艺，他的声望，他对足球运动的贡献，目前还无人企及。

　　贝利 1940 年 10 月 23 日出生在巴西一个贫寒的家庭。父亲是一个职业足球运动员，全家人的生活靠他踢球来维持。贝利 6 岁时就同足球交上了"朋友"。1956 年，16 岁的贝利加盟桑切斯队，开始了职业选手的生涯，第二年就成为巴西全国神射手。1958 年，贝利和全队一起获得了第六届世界杯足球赛冠军的殊荣，决赛中贝利建立奇功的景象令人难忘：在下半时 10 分钟，贝利获得队友一

记长传，只见他背对球门，挺胸接球，把球挑起来，飞过后卫，不等球落地，就以左脚凌空猛抽，4 个动作一气呵成，球应声入网。全场观众站立齐呼"贝利！贝利！"后来，贝利又参加了第七、八、九三届世界杯，为巴西夺得其中两届冠军立下汗马功劳，深受祖国人民爱戴。

贝利踢了 21 年足球，1366 场比赛，踢进 1281 个球，其中有 40 场射进 4 个球，6 场射进 5 个球，一场射进 8 个球，创造了足球史上的奇迹，至今仍无人破此纪录。他访问过 88 个国家，受到 10 位国王、5 位皇帝、70 位总统和 40 多位首脑和 2 位教皇

△ 球王贝利

的接见，并被世界上许多国家和城市授予荣誉公民的称号。他在美国白宫，身着白色西服为总统献技的精彩场面，更是令人过目难忘。

篮球比赛的主要规则

篮球是一项魅力无穷的运动，拥有无数球迷。篮球运动在我国的普及率极高，有着广泛的群众基础。

篮球比赛每场共 40 分钟，分上、下半场，各 20 分钟。如一场打完后出现平局，就再打 5 分钟，以决胜负，如仍未分出胜负，就再延长 5 分钟，如此延长，直到分出胜

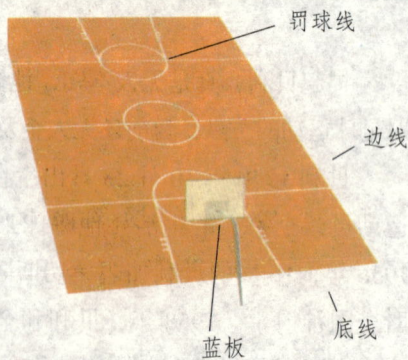

罚球线
边线
底线
蓝板

△ 篮球场布局

负为止。

违例和犯规是篮球规则的主要部分。如进攻方控制球后，必须在 24 秒内投篮，否则判其违例。对方发边线球、发界外球、持球、罚球时，球在手中停留的时间不得超过 5 秒钟，否则由对方发界外球。队员在比赛时不可有粗野动作，如发生冲撞对手、推挤拉顶，或不服从裁判、拖延比赛时间等都判个人犯规。个人犯规 5 次必须退出当场比赛。每队半场犯规总数不可超过 7 次，否则就罚球。如发生带球走，由对方发界外球。如发生两次运球，由对方发界外球等等。

另外，每场比赛的上、下半场，双方教练各有两次暂停权，决胜期各有一次暂停权。

美国职业篮球赛

1891 年，美国马萨诸塞州教师詹姆斯·奈斯密斯带领学生进行了人类历史上第一场篮球赛。他在体育活动室外的阳台上钉了一个篮筐，把球投进框得 1 分。比赛时，投进球后，还得上阳台把球取出来。那场比赛只进了一个球。

后来比赛是自发组织的，球队租一个礼堂，与老板商定分担费用和分享收入，然后发售门票。早期的职业篮球队都是自生自灭：有人看就比赛，没有人看就散伙。经过百年沧桑，美国职业篮球队已发展到30支球队。它分东、西两大联盟4个赛区进行比赛，通过循环比赛决出东、西部的冠军，最后进行总决赛。NBA比赛与世界篮球锦标赛的区别是NBA技术繁杂多变。由于技术日益丰富，身体素质日益提高，赛场上处处可见变幻莫测的假动作、出人意料的传球、泰山压顶的盖帽和奇兵突击的投篮，篮球成了巨人们轻松的玩具。

由NBA全美明星队员组成的"梦之队"，首次参加奥运会很轻松地夺得了冠军，他们出神入化的表演让全世界球迷大饱眼福。在NBA百年历史上，巨星闪耀，20世纪上半叶最伟大的运动员当数乔治·米甘，他使职业篮球成为世人瞩目的运动。

"魔术师"约翰逊

另外"盖帽"大王卢塞尔、张伯伦、"天钩"贾巴尔、"魔术师"约翰逊、"飞人"乔丹、"重磅炸弹"巴克利等巨星都在NBA史上留下了辉煌的一页。

"飞人" 乔丹

在NBA的历史上，取得荣誉与财富最显赫的是"飞人"乔丹。这位身高1.98米、体重90千克的飞人，似乎克服了地球引力，在空中腾飞的绝技令全世界叹为观止。

　　乔丹 1963 年 2 月 17 日出生在美国纽约一个平民家庭。他从小就显露出运动员的天赋，中学、大学读书期间在篮球方面的天赋更加明显。1984 年大学毕业后他进入 NBA 芝加哥公牛队。在球场上，迄今尚未有哪位球星的技艺可与乔丹相提并论。他可以随心所欲地掌握比赛节奏，完全了解自己有多少次投篮机会，能够顺利地占据他认为最有利的位置。他的近投和远投都有很高的命中率。他带球三步上篮的距离丝毫不逊色于世界级的跳远运动员。他腾起的高度令优秀的跳高运动员折服。

　　乔丹身为篮坛巨星，心地十分善良，乐于助人，从不摆架子，与队友、家人、球迷乃至儿童都可以和睦相处。乔丹取得的成就是耀眼的：他率领公牛队 3 次夺得 NBA 冠军、2 次夺得奥运会冠军、连续 7 年入选 NBA 第一阵容，他个人 3 次夺得"最有价值的球员"称号，2 次获 NBA 扣篮冠军。乔丹曾一度去打棒球，当

他复出回到 NBA，曾引起纽约股市上涨。在 NBA 的历史上，乔丹凭着平易近人的风格、刻苦的训练、认真的比赛态度、精湛的技艺给人们留下了难忘的印象。

"水上芭蕾"——花样游泳

花样游泳，是运动员在水中做出各种优美游泳动作的艺术性游泳，是一项只有女子参加的奥运会比赛项目。它融游泳、体操、舞蹈和音乐于一体，给人以高度的艺术享受。它在奥运会上的历史并不长，在 1984 年第 23 届洛杉矶奥运会上才被正式列为比赛项目。

花样游泳是一项具有较大难度的运动，要求运动员除了具有扎实的游泳基本功外，还要具有良好的舞蹈素质、身体素质及较高的文化修养。这主要表现在运动员的造型和控制能力两大方面。比赛分为自选动作和规定动作。自选动作的比赛，运动员可在优美的音乐伴奏下，充分发挥自己的想象力和创造力，

展示优美的动作和漂亮的图形组合。规定动作通常不用音乐伴奏。在国际比赛中规定有 100 个技术动作图案。每隔 4 年，国际游泳联合会就会挑选其中 36 个图案供比赛使用。

　　花样游泳运动员们动作娴熟优美，一丝不苟，将划水、仰浮、下潜、变换图形等动作完成得天衣无缝，和谐无比，构成的画面也多姿多彩。将生命的力度、青春的韵律及女性独特的妩媚舞姿，无不表现得淋漓尽致，恰如碧波上一群翩翩起舞的天鹅。难怪花样游泳会受到众人的喜爱，并冠之以"水上芭蕾"的美称。

变化无穷的围棋

　　围棋由 181 枚黑子和 180 枚白子组成，棋盘由纵横 19 道线形成的 361 个交叉点组成。每一个点都可能出现下黑子、下白子或空着不摆子 3 种情况。那么，361 个交叉点，就有 3 的 361 次方变化的可能，即围棋的着数变化是 10 的 172 次方。这可是一个大得惊人的天文数字。

　　实际的变化数比这还要多，因为围棋对局中如果出现"打劫"，就会在一个交叉点上反复出现黑、空、黑、

▲ 唐代弈棋仕女图

125

空（或白、空、白、空）的情况。这样，每个点上的变化就不止 3 种可能，而是 4 种可能，即意味着全局变化内数是 10 的 252 次方。

唐朝的冯贽说过："人能尽数天星，则遍知棋势。"可见围棋的着数变化无穷。

假设用当今世界上计算速度为每秒钟可计算 1 亿次的大型先进计算机来算这个数，那么，一个月估计可计算 259000 亿次，一年估计可计算 10 的 17 次方，1 万年可计算 10 的 21 次方……要完成 10 的 172 次方的变化，该需要多少年的时间呢？

围棋是中国人发明的，距今已有四五千年的历史了，它是一种竞技活动，也是一门科学。围棋是众多棋类中变化最繁复的一种棋，从围棋的发明，可以看出中国人的聪明才智。

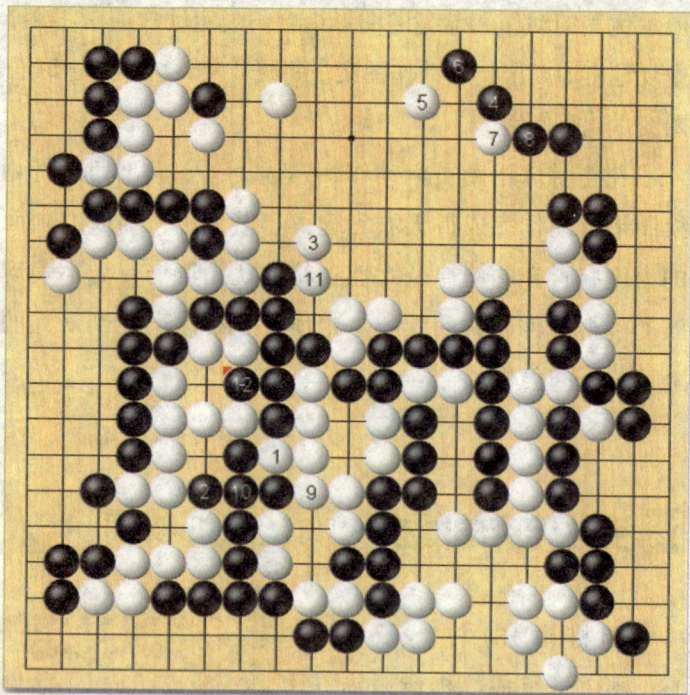

怎样观赏健美比赛

健康匀称的人体，是天赐的艺术品，具有永恒的美。

早在 2000 多年前，古希腊人为了国家强盛，极为重视体育运动，鼓励人

人锻炼出强壮体魄，十分崇尚人体美。这一点从希腊雕刻艺术作品的代表作——"荷矛者""掷铁饼者"上就能体现出来。在当时的奥林匹亚竞技会上，古希腊人为了表现他们优美的线条和更加突出结实富于弹性的肌肉，还在全身涂上橄榄油，裸体进行角逐。这就是健美比赛的雏形。

不少人喜爱健美比赛，但是外行看热闹，内行看门道，因此，如果知道怎样去欣赏健美的人体，确实会使人得到精神享受。

健美的人体是根据以下五方面来评判的：

△ 侧展肱二头肌

肌肉：主要指肌肉的发达程度。发达的肌肉表现出强大的力量。男女运动员的评判标准不同。

平衡：指运动员的骨架、肌肉的形态、体格比例。

匀称：指全身肌肉发展是否匀称，肌肉和脂肪的含量比例是否恰当。

线条：肌肉线条是否凸浮明显，女运动员则应具备女子体形的线条美。

造型：运动员是否能很好地控制肌肉，用各种优美的造型动作表现发达的肌肉群。

现代健美比赛仍然沿袭全身涂抹橄榄油这一古老的传统。

撑竿跳高

撑竿跳高

撑竿跳高是田径比赛中的一项很有看头的运动。运动员动作惊险，姿态优美，大有九天揽月之气势。奥运会撑竿跳冠军被人们称为"太空飞人"。

撑竿跳高也是田径比赛中技术最复杂的运动项目。它包括持竿、助跑、插穴、腾空、越竿、下垫等一系列动作。持竿点、助跑速度、踏跳时的水平及垂直速度、起飞角、越竿动作等许多因素都直接影响成绩。

远古时代的人们，为了生活和生产的需要，在没有交通设备的情况下，就曾用木棍和竹竿做工具，越过河沟和不高的障碍物。骑士们在马鞍、马蹬发明之前，利用手中的矛和枪，撑跳上马。撑竿跳高就是这样慢慢地演变而来的。

撑竿跳高世界纪录的不断提高，还伴随着撑竿用具的不断改进。最早的撑竿是木竿，最高纪录是 3.78 米。由于木竿质硬、量重、弹性差，影响成绩的提高，人们改用竹竿，最高纪录是 4.77 米。以后还用过金属竿。1962 年，国际田联正式批准使用尼龙竿，使成绩又提高一步。

所以说，撑竿跳高的成绩，受运动员技术水平、身体素质、撑竿用具的影响。

中长跑

在原始社会,人们为了捕获野兽,常常要耗费很大的精力跑很长的路程。因此,中长距离跑是人类谋生的一种基本技能。到奴隶社会,跑步已成为人们锻炼身体的一种活动。近代中长跑起源于英国,有些人为了糊口,经常在盛大的民族节日里进行赛跑表演,距离越大,收入越高。在1801年,著名的职业长跑家巴尔克勒,用19小时27分钟的时间跑完110英里路程。

中长跑是中距离跑和长距离跑的合称,中距离跑项目有男、女800米、1500米,长距离跑项目有男子8000米、10000米和女子3000米、5000米、10000米。1896年第一届现代奥运会上,中长跑就被列为正式比赛项目,虽然当时还只有英、美少数国家选手参加比赛,但从此以后,中长距离跑逐渐具有"国际性"。

中长跑对人的体能是一种考验,它对人的心血管系统、呼吸系统有较高要求,长期坚持中长跑不仅有利于身体健康,而且对人的心理健康、社会适应能力有着积极的作用。

🔺 "东方神鹿"王军霞1996年在亚特兰大奥运会上获5000米长跑冠军。

铁人三项

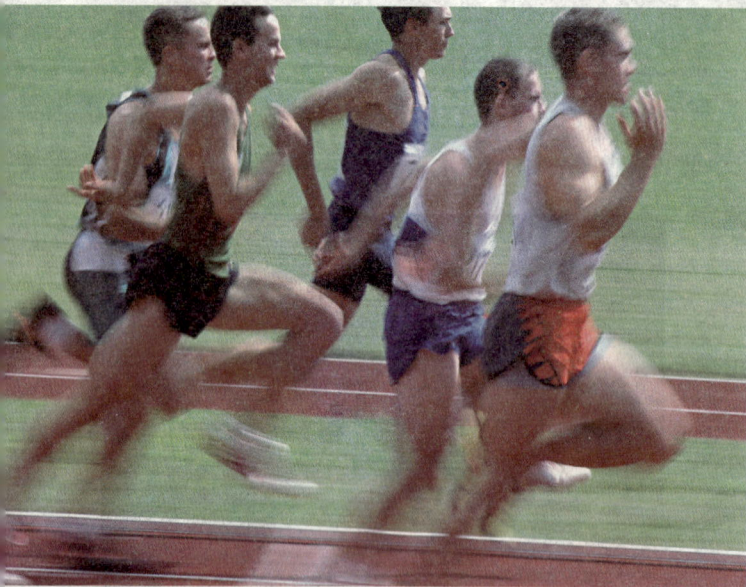

🔺 铁人三项之赛跑

铁人三项也叫"三项马拉松"，1978年它诞生于美国的夏威夷。它要求运动员要连续完成长距离游泳、自行车越野和长途越野跑。这种运动充分显示出了参加者超乎寻常的毅力和持久耐力。

世界铁人三项比赛主要有三大类：夏威夷锦标赛、尼斯世界锦标赛和国际标准距离赛。

"铁人三项赛"这一想法既奇异也不奇异，奇异的是这三项中每一项对常人来讲都是一个很难越过的难关，更何况三项一起连着干下去呢！然而这项超级比赛很快就传遍全世界，单是在美国每年就有200万人参加1800场三项比赛，他们都想试一试自己是不是"铁人"。

现在人们把"铁人三项赛"的距离调整为三个标准：（一）"经典"夏威夷距离：3.8千米游泳，180千米自行车，42.195千米长跑。（二）中等距离：2.5千米游泳，100千米自行车，25千米长跑。（三）"奥林匹克距离"：1.5千米游泳，40千米自行车，10千米长跑。

"铁人三项赛"是对人的身体素质的全面考验，要求运动员不但要有体能，而且要有技术，要有清醒的头脑，正确分配好体力，最重要的是要有钢铁般的坚强意志，没有这一点就不能成为真正的"铁人"。

　　铁人三项运动在我国的开展时间才二十几年。1987 年 1 月 18 日，中国第一次举行铁人三项赛，45 位来自全国各地的选手参加了这次比赛，其中年龄最大的选手有 65 岁。男子最佳成绩为 6 小时 4 分 59 秒，女子第一名的成绩是 9 小时 10 分 47 秒。

马拉松赛跑的距离

　　马拉松是一项超长距离的赛跑，全程 42195 米。那么，这个赛跑项目的名称是怎么来的？其比赛里程为什么不是整数 42 千米呢？原来，这里有个悲壮的故事。公元前 490 年，波斯帝国在第一次入侵希腊失利之后，再次派遣舰队横渡爱琴海，在希腊亚提加半岛东北部的马拉松平原强行登陆。雅典人与入侵敌军展开了激战，形势十分紧急。士兵斐里庇第斯奉命跑步向邻邦斯巴达求援，但遭到拒绝。在孤立无援的危急关头，雅典军队一万多人在

△ 马拉松赛

将领米太亚的指挥下，利用有利地形与侵略军进行殊死的决战。英勇善战的雅典人经过浴血战斗，终于打败了敌人。为了尽快将胜利的消息告诉雅典民众，斐里庇第斯再次受命担负传递捷报的任务。已经负伤的他忍着剧痛，快步跑到雅典中心广场，向聚集在那里的人们传达了胜利消息。他终因精疲力竭，一头栽倒在地，再也没有起来。据后人测量，从马拉松到雅典中心广场的距离是

42195 米。

1896 年，第 1 届奥林匹克运动会在希腊雅典举行时，人们为了纪念这一历史事件和斐里庇第斯的功绩，就用这个距离作为一个赛跑项目，定名为马拉松赛跑。

拳击——勇敢者的运动

拳击是一项历史悠久的体育运动项目，早在公元前 1100 年，在希腊就有一种竞技会，会上共进行 7 项比赛，拳击就是其中一项。在比赛中获得冠军的拳击运动员，人们把他们作为英雄载入史册。这项比赛非常激烈而残酷。在古代奥运会上运动员手上没有戴拳击手套，而是绑以皮革条。到了罗马时代，为了迎合寻求刺激的观众的口味，拳击运动员还在锋利的硬皮条上嵌金属扣。这样，场场皆有流血场面，有的运动员还被当场打死。

后来古代奥运会上又增加了一项拳击与摔跤相结合的比赛。在这项比赛中，几乎所有的动作都允许采用。运动员可以对对手进行拳打脚踢，也可

🔺 2000年9月，霍利菲尔德击败对手比恩，再次系上金腰带。

将对方摔倒在地。有时为了取胜，还发生用嘴咬人的现象。更残忍的是运动员甚至想方设法把对手的双眼挤压出来，或者折断对方的手指和脚趾。古希腊诗人平达曾这样描述一场冠军战的情景："对手抓住阿拉雄，用双脚将他夹紧，双手扼住他的喉头；而阿拉雄却用力去折断对方的脚趾。阿拉雄被对手卡死了，对方则由于脚趾被折断，疼痛难忍而放弃了比赛。于是，伊利斯城的人便把桂冠加冕于死去的阿拉雄头上。"

直到今天，拳击场上流血、伤残、死亡现象仍有发生。正像美国著名黑人拳击手霍姆斯所说："与人们的想法恰恰相反，我并不喜欢拳击比赛，我觉得它过于残忍。"可见，拳击运动要真正成为锻炼人们体质的一项有益活动，还有待人们去改变其比赛性质和方法。

击剑——"绅士运动"

击剑运动源于欧洲，它是由古代的骑士决斗演变而来的。早期欧洲许多国家的孩子从四五岁起就开始学习击剑术，并在家族中开展比赛。在一些国家的贵族学校中，还把击剑术列为必修课程。因此欧洲的击剑运动源远流长，是传统竞技项目。如今击剑比赛的冠军仍大都产生于欧洲。

击剑比赛分为男子花剑、重

剑和佩剑，女子花剑、重剑和佩剑，男女均有个人和团体赛。比赛时，运动员身穿白色击剑服，内有金属背心，头带金属丝编织成的网罩，在长方形的击剑场上互相刺击。当剑尖击中对方身体的有效部位时，电动裁判器立即亮灯示意，并自动记录在案。击剑比赛的规定时间很短，一般只有4分钟，所以人称击剑运动是"快餐式"的比赛，紧张、激烈，容不得丝毫的犹豫和侥幸，稍有闪失，便会一失剑而铸成千古恨。

在击剑场上，要求运动员反应敏捷，步法灵活，出手迅猛，还要求运动员必须彬彬有礼，符合绅士风度。运动员上场，戴上头盔，高竖剑锋，向对手示意后，才能开始厮杀。所以，击剑运动又被人们称为"绅士运动"。

在世界剑坛上有许多受人喜爱的"剑客"。如德国击剑名将安雅·菲希特尔，被称为"花剑皇后"，苏联运动员维克多，以精良的剑法、凌厉的攻势、优雅的风度博得人们的青睐，被称为"世界第一佩剑"。

科马内奇

世界女子体操巨星——纳迪亚·科马内奇是罗马尼亚女子体操运动员。她1961年11月出生在罗马尼亚奥内斯蒂城郊的一个小农庄里，双亲都是极普通的农民。儿时的科马内奇特别喜欢爬树攀墙、翻筋斗、竖蜻蜓，像一个顽皮的小男孩。6岁那年，妈妈把她送进体育学校学习体操，科马内奇由此开始了体操生涯。

1969年，8岁的科马内奇第一次参加全国少年体操赛，名列第13。在西方，13是个不吉利的数字，但科马内奇全然不信,她发愤苦练，技艺突飞猛进。1976年，在加拿大蒙特利尔举行的第21届奥运会上，她一举夺得女子个人全能、高低杠、平衡木三个项目的金牌。她的动作难度很高，姿态优美，落地平稳，赛场评委先后7次给她打了满分10分。在当时美国报纸评选的世界最优秀运动员中，科马内奇名列第一。

4年以后，在莫斯科举行的第22届奥运会上，科马内奇又获得2金1银。1981年，19岁的科马内奇参加了在罗马尼亚首都布加勒斯特举行的世界大学生运动会，这是她最后一次参加世界体操比赛。在赛场上，科马内奇一人独得5块金牌，她的体操事业此时达到了顶峰。

🔻 科马内奇

科马内奇在短暂的体操生涯中，至少拿到过500多块奖牌，其中22块是国际性比赛的金牌。她是体操运动中夺取奖牌和获取荣誉最多的人，不愧是一名耀眼的体坛巨星。

体操——力与美的结合

🔺 吊环

体操是人们在增强体质的基础上，对动作姿态和人体造型提出特定要求，着重表现人体形态美的身体操练，包括广播体操、团体操、竞技体操、艺术体操、健美体操等等。体操"以音乐作诗，用身体作画"，通过健美的身躯、柔美的动作，给人以健与美的享受。

竞技体操是奥运会比赛项目

之一。竞技体操分男子6项：单杠、双杠、鞍马、自由体操、吊环、跳马；女子4项：高低杠、平衡木、自由体操、跳马。大型比赛分团体赛、个人全能决赛和个人单项决赛3种。每一项目可有规定动作和自选动作。每套动作最高评分为10分，按得分多少评定单项和全能的名次。

竞技体操注重力与美的结合，无论规定动作或自选动作，都要体现这一宗旨。20世纪70年代美国运动员托马斯首创的"托马斯全旋"，轻盈活泼，节奏明快，运动员双腿前后交替，上下起伏，犹如波浪翻滚，所以又称为"波浪式全旋"。"托马斯全旋"突破了长期以来鞍马比赛中单调的全旋动作，丰富了鞍马的技术内容，而且很快被移植到自由体操、双杠及女子平衡木等项目中。

20世纪80年代以来，世界体坛飞速发展，高难度创新动作不断产生，从李宁"正吊两周"、童非"单臂大回环"、李月久"侧空翻转体90度接前滚翻"，到李小双的"团三周"，以及莫慧兰的"前空翻一周跃杠"等动作，每一种高难度新动作的产生，都引起了世界体坛上的关注。

▲ 球操（艺术体操）

汽车拉力赛

1991年12月23日凌晨，143部赛车、100辆卡车、99辆摩托车蜿蜒排列

在法国巴黎郊外的公路上：马达轰鸣，车灯雪亮。成千上万的赛车爱好者在冷雨中观看巴黎—开普敦汽车拉力赛的发车仪式，这是世界上规模最大、最惊险、最艰难的汽车拉力赛，12400多千米的路程等待着他们。人们不知，20多天后，是否还能看到这些无畏的车手活着归来。

▲ X光下的赛车

据《吉尼斯世界纪录大全》记载：世界上第一辆汽车（蒸汽动力）是由比利时人发明的；首次汽车比赛在美国举行；1907年举行的汽车赛是人类历史上第一次汽车拉力赛，这是由法国人创办的。在1979年，还是法国人又开创从北到南的汽车拉力赛，那就是巴黎—

▲ 汽车拉力赛

达喀尔汽车拉力赛，同时它也开创了车轮下的精彩世界。

汽车拉力赛是当今世界耗资巨大的体育项目之一，参加比赛的车队上有直升机，旁边有许多支援车，声势浩大。对于参加比赛的车手，拉力赛是十分艰苦的。人和车往往都超负荷地运转，在大沙漠中艰难行进。日复一日，车手们体力几乎耗尽，精神极度疲惫。然而比赛最大的危险来自车祸，每次拉力赛必有人丧生于车轮下。几乎每天都有赛车停下来，但不少人仍然不屈不挠地向遥不可及

的目的地奋力前进。

拉力赛越是艰苦，越是给汽车制造商带来生意，如果谁的赛车能在这么长距离的比赛中"生存"下来，无疑是给赛车做了个"活广告"。

大力士的比赛 —— 举重

⬤ 举重

陈镜开——中国第一号大力士。他在 1956 年以 133 千克的成绩，打破了美国运动员 132.5 千克的世界纪录，成为第一个打破世界纪录的中国人。至今他仍保持着 9 次打破举重世界纪录的"中国之最"。

举重是力量的象征，同时也是其他体育项目运动员进行力量训练的重要手段。举重比赛包含技术、战术及心理等因素的较量。举重比赛对运动员的体重要求很严格。当其他体育比赛的运动员吃饱了肚子准备上场时，举重运动员却要进蒸汽室受罪，还要勒紧肚皮控制吃喝。当我们看到举重台上升起国旗，奏响国歌时，你可知道运动员在背后所付出的艰辛吗？

举重运动员瞬间举起的重量，往往两倍于或数倍于自己的体重。如来自"举重王国"保加利亚的举重选手苏莱曼诺尔古，其体重是 60 千克左右，却举起了相当于自己体重 3 倍的重量。

因此，举重比赛是一种力量勃发、神威振奋的运动，是大力士的竞赛。

花样滑冰

在晶莹洁白的冰面上，在优美和谐、节奏明快的音乐伴奏下，花样滑冰运动员表演着各种旋转、跳跃的动作，展现着优美的舞姿，或轻盈柔美，或欢快奔放。那独特新颖的编排，那高超完美的艺术表现力，与音乐融汇成一体，达到视觉与听觉的完美统一，使人感到了一种超意境的魅力，产生飘飘欲仙的感觉，竟会忘却了置身何处。

花样滑冰是一项将音乐、舞蹈、自由体操和滑冰技巧高度结合于一体的体育运动。优秀的花样滑冰运动员，必须具有很高的艺术修养。

花样滑冰是由美国芭蕾舞演员杰克逊·海因斯发明的。当他第一次公开在维也纳的冰场上，穿着冰鞋，跳起当时最流行的华尔兹舞时，那敏捷的步伐、令人眼花缭乱的旋转，立刻倾倒了所有的人。从此，花样滑冰风靡欧洲，传遍世界。很快，在 1908 年第 4 届伦敦奥运会上就有了花样滑冰的比赛项目。

发展至今，花样滑冰的比赛项目已包括单人滑、双人滑和冰上舞蹈。

🔺 花样滑冰

滑　雪

现代滑雪运动种类很多，有越野滑雪、高山滑雪、跳台滑雪、花样滑雪、现代冬季两项、北欧两项滑雪、冬季高山两项、三项全能、有舵雪橇、无舵雪

△ 高山滑雪

橇以及各种不同项目相结合的多项滑雪等。滑雪运动有着悠久的历史。早在 5000 年前，在北欧、西伯利亚等地已有人滑雪。公元 1200 年，在挪威进行的冰上战争中，官兵们已经利用滑雪作战了。1877 年，在挪威成立了世界上最早的滑雪俱乐部，1879 年举行了跳台滑雪比赛。1924 年第 1 届冬季奥运会上进行了北欧项目的滑雪。北欧滑雪就是指越野滑雪。第 4 届冬季奥运会增加了高山滑雪比赛项目。

"陆面冲浪"

"陆面冲浪"运动就是滑板运动。滑板是冲浪运动在陆地上的延伸，集滑雪、轮滑、体操于一体，这是用一块固定滚轮的小板在地面上表演各种滑行技巧的健身运动。

现代滑板 1960 年前后始于美国的加利福尼亚，短短几年中风靡了全美国，在游乐园乃至马路上到处可见一些年轻的滑板者蹬着滑板高速呼啸而过。但由于滑板坚硬的滚轮在路面上滚动时发出的巨大噪音，以及行人对高速滑行者的惧怕，滑板曾一度受到禁止。后来，滑板制造商对滑板滚轮的材料进行了重大改进，同时又设计出头盔、护膝等安全装备，加之滑板运动本身具有很大的娱乐性，"滑板热"再度兴起。

△ 滑板运动

滑板运动的技巧千姿百态，主要有"急转弯""变向滑""耐力旋转""单轮滑行""狂野滑行""翻板"等，不一而足。

美国是滑板运动的发源地，现在美国依然走在这项运动的前列。美国人对滑板倾注了极大的热情，而且第一流滑板者的经济报酬相当可观。

观看滑板比赛，既惊险又有趣。运动员借助复杂的地形地物，巧妙地穿越各种障碍，运用各种技巧，无拘无束地充分展现自我。

棒 球

棒球是以运动员挥棒打击小球为主要特点的一项集体性球类活动。15世纪流行于英国的板桨球，后随移民传到了美国，经过多年的演变和发展，于1839年在纽约州的库珀斯敦派生成了现代棒球，并进行了有史以来的第一场棒球比赛。1845年被美国人誉为"棒球之父"的卡特赖特组织棒球队并制定了第一部棒球竞赛规则，规定了至今仍沿用的场地图形和尺寸。19世纪60年代，棒球运动在美国迅速开展起来，并开始出现了职业棒球运动员。19世纪80年代，美国成立了全国棒球联合会和全美职业棒球联合会。1884年，首次举行了这两个组织间的冠军赛，即"世界棒球冠军赛"，每年1次，直到今天。进入20世纪以来，棒球运动愈加发展，逐渐成为美国拥有观众最多的"国球"。

19世纪末期，美国随着国力的增强、对外活动的扩展，同时也把棒球带到了世界各地，以至到现在，棒球运动已在世界各国广泛地开展起来，同时，棒球的国际交往及竞赛也愈来愈多。1986年9月国际奥委会正式决定把棒球列为1992年奥运会的正式比赛项目。

棒球基本技术有接球、传球、击球和跑垒。接球时要双眼注视来球，用双手到位接球。

传球：传球和投球一样，持球手用食指、中指及拇指持球，前脚要指向目标，传出时要注意甩腕，投传后要把前送和跟进动作做完。传球姿势

▲ 棒球

有3种，即肩上传球、肩侧传球、肩下或低手传球。

击球：包括挥棒击、执棒触击、执棒推击。挥棒击球时，双手靠拢，前肘离身，小臂拉平，后肘要避免过于贴身，双足稍微分立，挥棒时前脚伸踏不要过大，以防妨碍准确性和下一步的起跑。触击法是双手轻执棒，平放身前，棒头稍高，待球碰棒。

跑垒：击球后迅速沿跑垒球线冲向1垒，或根据临场具体情况，通过1垒后继续跑下一个垒位。滑垒是为了避免守方的触杀或避免冲撞守队队员。

进攻方一般是按照全队所规定战术及教练临场发出的战术暗号进行。

防守方通常全队密切配合，及时移动补位和进行掩护，以防止攻队进垒或得分。

总之，在棒球比赛中，不论是攻或守均应做到统一指挥，统一暗号，注意在平常训练中反复运用，充分发挥集体主义精神，这样，才能做到在比赛时配合默契，灵活自如地应用各种技术和战术。

网　球

　　网球运动起源于法国。昔日，它是优雅和高贵的象征。14世纪时，法国宫廷的贵族们发明了一种叫"掌球戏"的游戏。两人之间隔一条绳子，双方用手将用头发裹制成的球打来打去。做球的布产于埃及坦尼斯镇，网球的英文"TENNIS"大概就由此得名。

　　16世纪时，出现了用羊皮纸制作的球拍，呈卵形，拍柄比较重，既费力又不美观。17世纪这种游戏传入英国后，比赛场地中间的绳子换成了网，球拍穿上了有弹性的弦线，场地也开始正规起来。但是当时打网球仅仅是王公贵族们的娱乐活动，并没有在普通民众中广泛流行。

　　18世纪资本主义的兴起和繁荣，促使网球运动从宫廷走向了民间。到19世纪时，网球运动在欧美盛行起来。19世纪70年代，现代草地网球运动诞生了。从那时起，网球运动逐渐从温文尔雅的游戏转变为对抗性激烈的体育比赛。

　　世界上最著名、最引人关注、水平最高的网球比赛每年有四次，即温布尔登网球公开赛、法国网球公开赛、美国网球公开赛和澳大利亚网球公开赛，习惯称"四大网球公开赛"。这四大赛事历史悠久、规模巨大，云集了世界上最优秀的选手。一名选手若在一年中连续获得这四大网球赛的全部冠军，就可以荣获"大满贯"的称号。